RÉUSSIR SA VIE

DU MÊME AUTEUR

Réflexions sur l'esthétique contemporaine, Pleins feux, 2000.

Le Musée, Pleins feux, 2000.

Habermas, Michalon, 2001.

Philosophies politiques pour notre temps, avec J. Picq, Odile Jacob, 2005.

Le Remplaçant suivi de *Rien ne sert d'exister*, Le Jardin d'essai, 2005.

La Philosophie enseignée à ma chouette, Max Milo, 2007 ; Marabout, 2014.

Prendre sa part de la misère du monde, La Transparence, 2010.

La Vie rêvée des philosophes, François Bourin, 2012 ; Marabout, 2014.

N'être pas né, Librairie théâtrale, 2014.

Socrate de Montceau-les-Mines, François Bourin, 2014.

L'amour est un enfant de putain, Librairie théâtrale, 2016.

Réflexion sur l'accueil et le droit d'asile, François Bourin, 2016.

Rire, Flammarion, 2016.

Cent façons de ne pas accueillir un migrant, Le Rocher, 2018.

Yves Cusset

RÉUSSIR SA VIE

du premier coup

Flammarion

Crédits photographiques :
Couverture : © Svetlana Chebanova / Shutterstock ; icônes « main » : © Vecster / Shutterstock ; p. 21 : © Karantopus / iStock ; p. 37, p. 55, p. 76, p. 104, p. 133, p. 158, p. 181, p. 207, p. 223 : © Veter67 / Shutterstock pour les bas de pages ; p. 70 (de gauche à droite et de haut en bas) : © ilterriorm / Shutterstock, Kylesmith / Shutterstock, © Dimitris Leonidas / Shutterstock, © Nurlan Mammadzada / Shutterstock ; p. 117 : © studiostoks / Shutterstock ; p. 134 : © Bildagentur Zoonar GmbH / Shutterstock, © Janniwet / Shutterstock (cadre) ; p. 141 : © Oleksandr Osipov / Shutterstock ; p. 151 : © BnF ; p. 182 : © PKpix / Shutterstock ; p. 200 : © Conatas1205 / Shutterstock ; p. 218-219 : Freepik.com ; p. 234 : © Darijus / Shutterstock.

ISBN : 978-2-0813-8046-2
N° d'édition : L.01EHBN000823.N001
Dépôt légal : mai 2019
Mise en pages réalisée par Pixellence (Roubaix)

Sommaire

Leçon n° 1
Réussir sa vie : comprendre pour mieux agir
Petite analyse sémantique pour les nuls
23

Leçon n° 2
Accepter sa fin
Ou la précipiter
39

Leçon n° 3
Faire son entrée dans la vie
De quelques conseils utiles
pour réussir sa naissance
57

Leçon n° 4
Affronter ses échecs
Résilience, hyper-résilience, contre-résilience
77

Leçon n° 5
Confiance, volonté, courage, vitalité : les quatre éléments de la réussite
Ou comment devenir ce que l'on est
sans cesser d'être ce que l'on est devenu
105

Leçon n° 6
Travail et/ou argent, les clés de la réussite
Être riche et heureux, c'est un jeu d'enfant
135

Leçon n° 7
S'en sortir seul ou à plusieurs ?
La solitude : un bien commun
159

Leçon n° 8
L'amour : vivre avec ou vivre sans
Apprendre à se faire aimer
sans avoir à être aimable
185

Leçon n° 9
Et Dieu dans tout ça ?
Mieux connaître notre principal collaborateur
209

Recommandation finale
Apprendre à se détendre
225

PETITES PRÉCAUTIONS PRÉALABLES

80 ans d'existence,
30 secondes de vie.

Épitaphe d'un déçu

Vivre n'est pas la chose la plus simple qui soit. Surtout à notre époque. Car vivre est devenu aujourd'hui un objectif à part entière auquel il convient de consacrer une bonne partie de sa vie, ce qui nous laisse de moins en moins le temps de vivre. On ne vit pas, on DOIT vivre, on ne doit surtout pas en manquer une miette. Et la vie ne manque pas de miettes.

Mais dans cette auto-entreprise que vivre est devenu, le succès n'est jamais garanti et exige un important travail de documentation doublé d'un certain sens de la discipline personnelle. On ne peut plus se contenter de laisser faire, pour se consacrer à d'autres buts pour lesquels les critères de succès seraient plus immédiatement et plus aisément identifiables, sinon atteignables, comme obtenir un bon classement au tennis ou savoir faire le poirier. Et la concurrence est rude : pendant qu'autour de toi certains affichent avec arrogance le visage souriant de ceux qui ont réussi leur vie, tu te débats dans les marécages d'une petite vie sans le moindre éclat. Ce sourire Émail Diamant de ceux qui ont réussi est même parfois assez désagréable quand tu te rappelles que la vie est unique, le temps irréversible et qu'il n'y a pas de vie après la mort, ce que tu sais très bien même si tu refuses de te l'avouer (tu reliras Freud à ce sujet, moi je suis pressé). Bref, l'infinitif est devenu un impératif : il faut vivre, et tu dois tout en vivant optimiser les chances de réussir ta vie.

Nous n'avons décidément pas de chance, nous autres pauvres sujets en déshérence privés de but plus élevé que nous-mêmes. Nos ancêtres étaient plus vernis, ils n'étaient pas contraints à une ambition aussi extravagante que de réussir sa vie et se contentaient la plupart du temps d'éviter de mourir, de reproduire leur force de travail, de se reproduire, d'être un bon patriote, un bon soldat, un bon serviteur, une mère dévouée, un croyant humble et fidèle, un preux chevalier, une épouse qui attend le retour de son preux chevalier, sans avoir en même temps à se soucier de quelque chose d'aussi dérisoire et incertain que son pauvre épanouissement personnel, quitte à sacrifier sur l'autel des obligations sociales et familiales l'extravagant désir de vivre. D'autant que, à l'époque, la réussite n'était pas le résultat de l'initiative personnelle, mais de la prédestination divine, ce qui était beaucoup plus reposant.

Pour nous autres, c'est un peu plus compliqué : il nous faut jouir, aimer, être aimé, oser, prendre des risques, expérimenter, se transformer, se démultiplier, être soi-même, être performant, s'engager, être solidaire, sauver la planète, tout en étant zen, serein, confiant, posé, réfléchi, ouvert, souriant, détaché, lumineux. Quelque chose entre le Dalaï-Lama et Emmanuel Macron – surtout entre le Dalaï-Lama, pour être honnête. Bref, pas facile de s'en sortir tout seul, sans assistance extérieure.

Et c'est là que tu as de la chance, car si tu regardes un peu autour de toi, sur Internet, dans les rayons des librairies, à la télévision, tu t'apercevras assez vite qu'un certain nombre de tes congénères, bien conscients de cette difficulté, déploient des trésors d'ingéniosité autant que de bienveillance et de sollicitude, non pour leur petit profit, mais dans le seul but que toi aussi, comme eux, tu aies une toute petite chance de réussir ta vie et de t'accomplir pleinement. Ils auraient pu se concentrer sur eux-mêmes et se contenter égoïstement de leur réussite personnelle, comme toi, mais non, ils veulent faire bénéficier les autres de leur savoir-être et de leur savoir-faire en la matière, et en prodiguer généreusement les fruits au *vulgum peccus*, à la vile masse humaine, au troupeau servile de tous ceux qui n'ont qu'eux-mêmes et leur pauvre vie comme unique centre d'intérêt, sans pour autant parvenir à lui donner un peu d'éclat. Et ils le font contre des émoluments qui sont bien peu de chose au regard de la magnanimité de leur geste, même s'il faut reconnaître qu'ils jouissent d'un contexte plutôt favorable : consommation massive d'anxiolytiques, généralisation de la dépression, isolement affectif et social, déficit de psychiatres dans les grands centres urbains...

Il est quand même rassurant de savoir que certains réussissent leur vie en se consacrant à expliquer aux autres comment y parvenir, en prenant généreusement acte d'une détresse psychique et d'une faiblesse d'âme dont ils ignorent pourtant tout. Ils ont la richesse et la célébrité et continuent de consacrer leur temps au bonheur des autres. Bien sûr, tu ne deviendras pas d'un jour à l'autre Mathieu Ricard, Christophe

André ou Frédéric Lenoir – qui sont un peu mes modèles, mes exemples, mes parangons, mes idéaux, mes mentors, mes péridots, mes chrysolites, mes escarboucles –, mais tu parviendras peut-être à aller dans le sens opposé à l'aigreur généralisée de la multitude des mécontents pour récupérer quelques petites miettes de l'immensité de leur savoir-vivre.

Tu es enlisé-e dans la médiocrité d'une vie dont l'horizon ressemble à la morne plaine de jours inutiles et tristement identiques ? Enfoncé-e dans l'amertume et l'aigreur d'avoir manqué les trop rares occasions d'illuminer un peu la torpeur du quotidien ? Tu ne parviens plus qu'à t'accrocher avec nostalgie à des ambitions passées dont il ne reste qu'un vague parfum de putréfaction ? Tu te souviens avec désarroi des réussites que tu as cru tenir entre les mains, et qui t'ont glissé définitivement entre les doigts ? Tu ne perçois plus dans l'avenir qu'un processus inexorable de délitement et de décomposition ? Tu ne t'en raccroches pas moins avec autant de désespoir que de stupidité aux dérisoires consolations que la société nous tend pour mieux nous manipuler à loisir ?

Eh bien, rassure-toi, oui, rassure-toi, car ils sont là ! Oui, ils sont là, les spécialistes du développement personnel qui déploient leur énergie à te montrer la voie que ta vie aurait pu emprunter si elle n'avait pas été ce qu'elle fut, et si elle ne s'apprêtait pas à être ce qu'elle sera, alors qu'elle aurait pu être ce qu'elle n'a pas été en étant simplement ce qu'elle serait devenue si elle avait été autrement. Le développement personnel n'a que cette seule visée : optimiser tes chances de succès dans cette entreprise dont tu es le seul chef et qui a pour unique objet de vivre.

Sache-le, le développement est le mouvement inverse de l'enveloppement, il n'en suppose donc pas moins qu'il y a en toi des choses enveloppées, inaperçues, ignorées, recluses dans les bas-fonds de ton être et que tu ne laisses pas s'exprimer et s'épanouir en plein air, sous la lumière d'un généreux soleil où elles pourraient fleurir. Et lorsque commencera de s'allumer en toi la lumière intérieure qui illuminera la fleur de bonheur que tu gardes enveloppée au fond de toi, alors cessera ton voyage dans les Ténèbres, pour que puisse s'accomplir la métamorphose de la chenille en chrysalide d'où le papillon s'envolera vers le ciel, afin d'aller butiner dans le jardin de la félicité [1].

1. Tu reliras à ce sujet l'ouvrage de référence d'Éric Carle, *La petite chenille qui fait des trous*, dont la magnifique phrase inaugurale pourrait résumer à elle seule tout

Il faut savoir que l'humanité se compose de trois catégories :

- La grande majorité des habitants de cette planète est constituée de chenilles ou pauvres larves qui rampent inutilement dans la fange et meurent sans avoir même entr'aperçu la chrysalide qu'ils auraient pu devenir. Comme dit très pertinemment le grand philosophe Parménide – à moins que ce ne soit l'immense acteur Michel Houellebecq : certains vivent parce qu'ils vivent et meurent parce qu'ils meurent.
- D'autres, en nombre encore important, sortent de l'état larvaire, mais sans jamais parvenir à laisser se déployer le papillon qu'ils gardent enveloppé en eux. Le risque de quitter le petit cocon de la vie quotidienne leur paraît trop grand.
- Il reste enfin la petite élite de tous ceux qui, parvenant au terme de leur développement, deviennent ce qu'ils sont toujours déjà : papillons. Et ils ont la chance d'être entourés de l'élite de l'élite : le cercle des quelques rares initiés, composé de maîtres-zen, coaches de vie et

---

l'enjeu du développement personnel : « Un beau dimanche matin, le soleil se lève. »

spécialistes du développement personnel, qui connaissent et diffusent les secrets du devenir-papillon. C'est autour d'eux que l'humanité nouvelle, celle des chefs d'entreprise de leur propre vie, va enfin pouvoir déployer ses ailes. Et peu importe que l'espérance de vie d'un papillon puisse ne pas dépasser une journée, quand il aura mis plusieurs mois à éclore, l'important est uniquement qu'il soit devenu ce qu'il est. Qui dit développement *personnel* ne dit pas forcément développement *durable*.

Car en vérité je te le dis, mon cher lecteur, ma chère lectrice, ma douce petite larve : mieux vaut un éphémère qui touche quelques minutes à la lumière qu'un cocon qui se rabougrit pendant des années. Comme disait en effet l'un des auteurs les plus prisés dans les séminaires de management, Friedrich Hölderlin : « Mieux vaut mourir d'avoir vécu que vivre de ne vivre pas. » Et si le papillon meurt, c'est toujours d'avoir vécu.

Il est donc temps que tu te soucies de ton développement personnel, tant pour ce qui touche à la personnalité dans tous les sens du terme, qu'à son développement, au sens propre comme au sens figuré, cela va sans dire. Il est temps de laisser surgir ta personnalité solaire, celle qui est plus grande que toi, plus puissante que toi, plus haute que toi, qui est ouverte aux quatre vents, aux courants d'air, à la circulation ambiante, à la fraîcheur de vivre, à la différence, à la diversité, à la multiplicité, à la multitude, à la plénipotentiarité, à la pandilatation pléonexique, à la disruption, à la diffraction libidinale et purpurifère, bref, à tout ce qui passe par toi sans se réduire à ta minuscule personne.

Il est temps de t'ouvrir.

De décadenasser tes chakras. Depuis le périnée jusqu'à la fontanelle.

De déployer les mille pétales de ta fleur de lotus.

La modeste ambition des pages qui suivent est d'apporter une petite contribution à la métamorphose des larves humaines, dont tu es sûrement, aimable lecteur (car il te faut bien des raisons d'ouvrir ce talisman), en personnalités solaires, et de faire en sorte que chacun, ayant lu ce livre, puisse tranquillement mourir d'avoir vécu au lieu de continuer bêtement à vivre de ne vivre pas. N'est-ce pas une excellente nouvelle ?

Tu trouveras ainsi dans cet ouvrage les éléments incontournables qui font de toute vie une réussite, sous la forme de dix petites leçons simples, illustrées par des exemples et des encarts explicatifs, et surtout faciles à mettre en application. Mais attention, une leçon n'est efficace que si elle est adossée à un véritable désir d'apprendre !

Si j'ai pu, il y a plus de vingt ans, accepter sans crainte d'atteindre le sommet de la réussite en faisant sauter un à un tous les verrous de mon existence, c'est bien entendu que j'ai eu la chance de bénéficier des leçons de chakrologie de mon maître Mahatma Marishnaki Haranesh Vahitmati Jivan Babaji Yogi, surtout connu sous le sobriquet de Baba, lors de mon premier séjour initiatique à Venkatanarasimharajuvaripeta [1]. Et c'est lui qui n'a eu de cesse de me répéter : « Ton seul maître, c'est ton désir », phrase qu'on retrouve presque à l'identique chez le pape du management Peter Drucker (« Ton seul aiguillon, c'est ta volonté »), preuve que ces deux grands hommes ont dû se fréquenter.

1. La particularité de cette bourgade est de ne se composer que d'une gare ferroviaire, ce qui en fait la seule gare dont le nom ne désigne qu'elle-même, dans la tradition du Tao. Ce qui n'en est pas moins pratique si tu prends le train, même s'il n'y a pas encore de ligne directe depuis Vierzon.

Aussi ces dix leçons ne te seront-elles d'aucune utilité, che-è-r-e lec-teur-trice, si tu n'as pas déjà fait le choix essentiel dont tout le reste dépend : celui de redevenir le boss de ta propre vie [1].

Yogi Baba en pleine séance de méditation. Sa devise : « Il faut laisser nos nœuds se dénouer tout seuls. »

1. Expression courante de l'autre côté de l'Atlantique : « Be the boss of your own life », avec une variante dans le Wyoming : « Be your own cheerleader (ta propre pom-pom girl, ton propre meneur de claque, ta propre majorette, *Ndla*) in life. »

Leçon n° 1

RÉUSSIR SA VIE : COMPRENDRE POUR MIEUX AGIR

Petite analyse sémantique pour les nuls

C'est de parler à Dieu
Comme à ses voisins
Dire que ça ira mieux
Même quand tout va bien

C'est de voir le soleil
Au milieu des nuages
Et devant un avion
Rêver de voyages

Réussir sa vie
C'est d'abord choisir
C'est d'avoir envie
De tout devenir
Réussir sa vie
C'est prendre la main d'un enfant
Le cœur des femmes qui te sourient
À l'aventure, infiniment

Réussir sa vie,
chanson de Bernard Tapie, paroles de Didier Barbelivien

Aristote a dit : « L'homme est un animal doué de langage. » Réussir sa vie, cela a l'air d'une expression toute bête, assez facile à comprendre pour le plus grossier des usagers du langage ordinaire. Que nenni ! Pour reprendre le propos bien connu d'un auteur malheureusement trop peu connu : « Ce qui est *bien connu* est ce qu'il y a de moins bien connu. » En effet, le syntagme « réussir sa vie » – véritable chausse-trappe –, est composé de trois mots qui ne devraient normalement pas pouvoir être utilisés ensemble, et dont la traduction dans les langues les plus usitées au monde – l'anglais, l'américain, le canadien et l'australien, pour ne citer que les plus importantes – reste particulièrement délicate.

Il va nous falloir en conséquence procéder à une patiente exégèse, en analysant d'abord ce que signifient ces trois mots séparément pour envisager ensuite leurs rapports mutuels, et surtout les problèmes qui en découlent.

Quelle est l'origine du verbe « réussir » ?

Aussi courant que soit l'usage du verbe *réussir*, il est très rare que l'on sache exactement de quoi l'on parle en y recourant. Revenons à son étymologie, et nous nous apercevrons que *réussir*, constitutivement, a plutôt tout raté : alors qu'il devrait venir du grec, ou à défaut du latin, comme n'importe quel vocable d'une signification un tant soit peu élevée, il vient seulement de l'italien, comme brocoli, macaroni ou adagio d'Albinoni, à ceci près que cela se remarque moins facilement que pour ces derniers vocables. On a l'impression que le verbe *réussir* avait la flemme de remonter plus haut, selon la tradition italienne ancestrale du farniente, qui constitue comme chacun sait le socle identitaire de nos amis ritals.

La racine du verbe réussir renvoie en effet au verbe italien *uscire* (à prononcer « ou j'chierai ») qui signifie « sortir », d'où vient aussi, vous l'aurez deviné, le substantif *issue*. Précédé du préfixe ré-, qui indique la répétition, la redondance, le fait de ce qui se produit une deuxième fois, bref, qui veut dire « re », tout simplement, « réussir » signifie donc « sortir à nouveau » ou « sortir une deuxième fois ».

Réussir peut donc étymologiquement avoir deux sens différents, sinon antinomiques, entre lesquels les linguistes n'ont pas encore *réussi* à trancher :

1. Être capable de retrouver la sortie quand on ne l'a emprunté qu'une seule fois. Celui qui réussit est alors celui qui est doté d'un certain sens de l'orientation, de la capacité à retrouver le bon chemin pour parvenir à la bonne issue, ou à utiliser les stratagèmes idoines pour ce faire, par exemple la fameuse stratégie du petit poucet.
2. Trouver une nouvelle sortie, alors qu'on en connaît déjà une, bref, imaginer une alternative au déjà connu, découvrir une sortie de secours quand on ne connaît que la sortie principale, ou l'inverse, qui n'est pas rigoureusement symétrique (surtout quand il n'y a pas de sortie de secours).

D'où la double manière de réussir une performance : soit en étant capable d'accomplir à nouveau ce dont nous connaissons déjà les modalités d'accomplissement, soit en trouvant

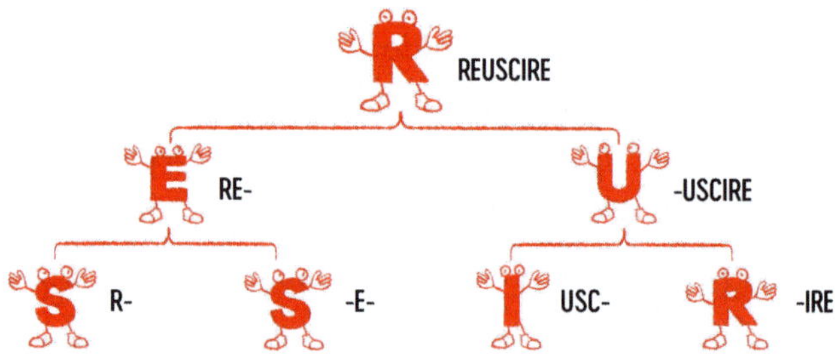

Schéma brownien de décomposition étymologique descendante par capillarité grapho-phonétique.

une voie inédite pour y parvenir. Le gros problème, pour ce qui est de la vie, c'est qu'on n'a pas le loisir de l'exercer une première fois pour s'assurer la deuxième fois qu'on est capable de l'accomplir comme il convient, et qu'en outre elle est sans issue. Bref, la vie n'est pas une performance comme une autre, pour la simple et bonne raison que ce n'est pas une performance, et c'est même, de toutes les performances, la seule à n'en être pas une. Si la vie était une performance, il serait relativement aisé de consoler quelqu'un qui vous avouerait à son dernier instant : « J'ai complètement raté ma vie », en lui rétorquant gentiment : « Ce n'est pas grave, tu feras mieux la prochaine fois. »

Il paraît donc assez délicat de faire de la vie un objet possible de réussite. Voilà en effet les deux manières symétriques et inverses de comprendre l'injonction à réussir sa vie :

1. La vie étant unique, refais en mieux ce que tu n'as jamais eu l'occasion d'essayer.
2. La vie n'ayant pas d'issue, cherches-en donc une autre. Ce qui revient exactement au même que de devoir choisir à un carrefour entre « Toutes directions » et « Autres directions », pour se retrouver finalement dans une impasse. Car comme disait très justement Tchouang-tseu, ou Raymond Devos, je ne sais plus exactement : « La vie est un rond-point dont toutes les issues sont en sens interdit. »

Étant donné le caractère paradoxal de ces deux définitions elles-mêmes contradictoires, le plus difficile n'est pas d'abord, en ce qui concerne la vie, de réussir, mais de réussir à réussir, car il faut beaucoup de temps pour comprendre ce que réussir signifie exactement, d'autant qu'il ne suffit pas pour cela d'échouer à échouer.

Et la vie, qu'est-ce que c'est ?

Voilà qui mérite que l'on s'arrête quelques instants sur le sens exact de *la vie*. En effet, qu'est-ce que la vie ? On se pose inutilement

À PROPOS DES RONDS-POINTS

L'inventeur français du rond-point, parfois pompeusement nommé carrefour giratoire, M. Eugène Hénard, ignorant les grands principes du *Tao Tö King*, n'a pas songé à créer un rond-point sur lequel ne déboucheraient que des voies en sens unique, probablement aussi par crainte des risques de congestion. Il n'en a pas moins prononcé cette sentence digne des plus grandes paroles de sagesse du Bouddha : « Vous êtes gênés par les points de conflits. Occupez-les par des obstacles et les voitures n'y passeront pas. »

Si l'invention du rond-point (1906) est relativement récente, la philosophie du rond-point est beaucoup plus ancienne, remontant précisément au VIe siècle avant J.-C. et au Tao de Lao-tseu. Pour le Tao, la vie est un rond-point sans issue, mais à cette différence près que c'est le rond-point lui-même qui tourne et que nous y restons immobiles, quel que soit le véhicule choisi pour affronter la voie. Il faudra attendre Einstein et la théorie de la relativité pour comprendre qu'il n'y a en vérité pas de différence, et que les automobilistes qui croient tourner autour d'un rond-point sont en vérité immobiles et ne se rendent pas compte que c'est le rond-point qui tourne. Il n'existe à ce jour sur la planète qu'un seul véritable rond-point dont toutes les issues sont en sens interdit, mais personne ne peut dire exactement où, car tous ceux qui s'y sont engagés n'ont jamais réussi à en sortir pour témoigner *urbi et orbi*.

beaucoup de questions à ce sujet, alors que la réponse est toute bête : c'est un bref intervalle indiscernable entre deux néants symétriques, caractérisé par une relative résistance à la mort. Un intervalle que le temps nous aide aimablement à traverser, sans que nous ayons à en prendre par nous-mêmes l'initiative.

Qu'il en soit ici chaleureusement remercié, car on ne pense pas suffisamment à rendre hommage à l'œuvre infaillible du temps. Oui, le seul à être sûr de réussir dans la vie, c'est bien le temps : il accomplit ce qu'il a à faire, comme s'il l'avait toujours fait, alors que c'est à chaque fois la première. Naître, grandir, mûrir, vieillir, souffrir, mourir, pourrir : du grand art. Et le parcours n'a pas du tout besoin de combattant.

Le mieux serait peut-être alors de passer sa vie à regarder le temps passer, pour mieux profiter de ce spectacle hors du commun. Mais outre qu'on ne verrait sans doute pas grand-chose, le temps ayant ceci de commun avec le TGV qu'il ralentit rarement pour se laisser observer, le problème est qu'en passant, le temps nous emporte, ne nous offrant que trop brièvement le loisir de rester spectateur. « On peut se baigner plusieurs fois dans le même fleuve, mais jamais au même endroit, car on se rapproche toujours plus de l'embouchure », comme disait un philosophe présocratique injustement ignoré de tous au point qu'on ne sait ni son nom ni s'il a vraiment existé.

Faut-il distinguer vivre et exister ?

Chez la plupart des êtres animés de type pluricellulaire, vivre et exister ne se distinguent qu'à la marge. La vie d'une moule, par exemple, est à peu près indiscernable de son existence. Le fait qu'elle soit là sur son rocher lui permet très rarement de faire autre chose que d'être là sur son rocher, même avec les meilleures intentions du monde, et même s'il lui arrive de temps à autre, on ne sait trop pourquoi, de se déplacer, car la nature ne fait rien en vain et l'a généreusement doté d'un pied (cf. schéma ci-dessous), la moule a du mal à faire plus qu'exister.

Cela ne signifie pas que la moule n'a pas d'âme, n'allons pas trop vite en besogne, mais uniquement que son âme (*anima*) ne lui offre que très peu d'*animation* ; c'est une âme de moule, tout simplement. Mais il suffit de l'observer se rétracter quand on applique la pointe d'un couteau sur son petit corps chétif pour constater combien elle est capable de s'animer à la moindre stimulation extérieure, au contraire de la patate frite, malgré le joli couple que toutes deux ont su former avec le temps. Cela ne fait pas pour autant une vie.

Car telle est la principale différence entre vivre et exister : si exister, étymologiquement, c'est se tenir au-dehors (*ex-sistere*), ou être-jeté-là-sans-raison-et-être-contraint-d'y-rester, vivre c'est faire quelque chose du fait qu'on est là, c'est tenter de s'occuper pendant le temps qu'on se tient au-dehors, quand bien même le résultat serait-il rigoureusement identique. L'existence est plutôt stationnaire, la vie mobile. Et l'homme est un être animé qui a besoin d'animation, et que l'existence toute seule a tendance à ennuyer.

D'où la conclusion qu'en tire avec une certaine balourdise le poète largement surévalué Victor Hugo : « Car le plus lourd fardeau, c'est d'exister sans vivre. » Attention, la phrase perd tout son sens si l'on ne comprend pas que Victor Hugo parle des mammifères supérieurs ; il est évident que ce n'est pas un fardeau pour la moule d'exister sans vivre, c'est son quotidien, avec tout ce qu'il peut contenir aussi de plaisirs minuscules, comme l'a parfaitement mis en exergue en son temps le grand conchyliologue Philippe Delerm. Mais l'homme, au contraire

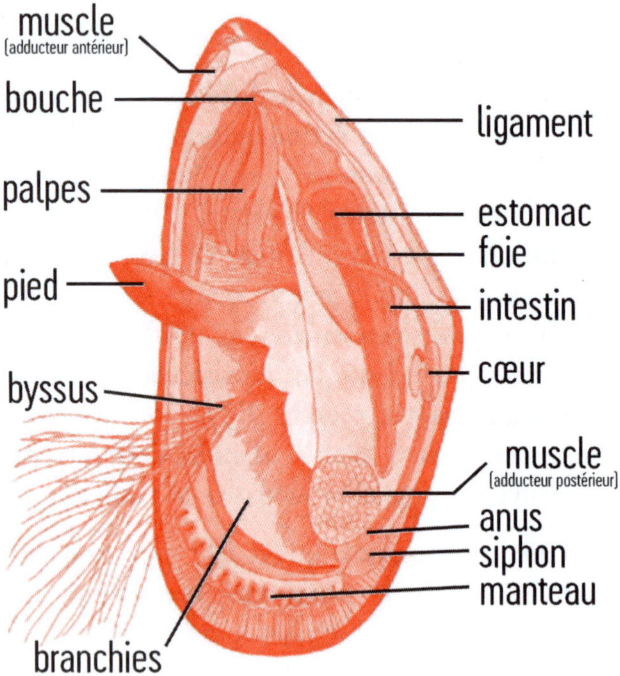

Anatomie de la moule.
Source : CNC (Comité national de la conchyliculture).

de la moule, a du mal à se contenter d'exister. Il faut qu'il vive, et il souffre même de ne pas y parvenir. Et il souffre d'autant plus qu'il est très difficile, comme on l'a vu dans le paragraphe précédent, de devenir acteur de sa vie.

D'ailleurs, est-ce vraiment « sa » vie ? Voilà le principal problème d'où surgissent les maux dont souffre l'âme des mammifères doués de raison, et dont la moule sait au moins se réjouir qu'ils lui aient été épargnés.

« SA », qu'est-ce que c'est ?

Et c'est en ce point qu'intervient le troisième terme de l'expression, le déterminant du substantif « vie », à savoir « SA ». Car on ne dit pas « je voudrais réussir LA vie » mais « MA vie » ; on ne dit pas non plus : « je voudrais réussir la vie de ma mère ou de mon beau-frère », mais uniquement la mienne. Cet usage exclusif du pronom possessif est un abus de langage, rien de moins, dans lequel la grammaire risque de nous induire gravement en erreur. Autant on peut dire « MA maison », « MA voiture », « MA femme » ou « MON fils », ou éventuellement « MON chien » quand on n'est pas trop regardant, toutes choses qui peuvent légitimement être considérées comme relevant du régime de la propriété, autant il paraît inapproprié de dire « MA vie ». La vie n'est évidemment pas ma possession, elle est tout entière enfermée dans des cellules, fermées à double tour, et ce n'est pas à nous qu'elle appartient mais au temps (et à ses quelques alliés sur lesquels nous aurons l'occasion de revenir : le hasard, les origines, les circonstances, sa mère).

Comment peut-on oser parler de « SA » vie quand on sait que la vie ne nous appartient pas, qu'elle nous échappe sans cesse, qu'elle est un flux ininterrompu ? Il ne viendrait à l'idée de personne de parler de « SON flux », un flux ne se possède pas, il ne relève pas, lui, du régime de la propriété. Et comme disait très justement Confucius – même si cela pourrait aussi bien être Archimède : « Tu ne possèdes pas ce qui s'écoule, même incontinent. » La vie n'est sienne que de manière purement factice, par un tour grammatical, elle ne fait que recevoir cette valeur par le biais du pronom possessif, il faudrait la dire, non pas *sienne*, mais uniquement *valant sienne*. Et comme disait très justement Jean-Louis Borloo à son homologue italien – à moins que ce ne soit l'inverse : « Valenciennes ne vaudra jamais Sienne. »

Mais trêve de plaisanterie, résumons-nous plutôt : réussir sa vie, c'est très compliqué.

On voit que si l'on voulait reformuler de manière claire et plus appropriée la question « Comment réussir sa vie ? », il nous faudrait demander, après analyse des différents termes de la formule : « Comment trouver une nouvelle issue à ce flux qui n'en a pas et s'écoule de manière ininterrompue dans le vide, sans jamais pouvoir être arrêté ni possédé ? »

Eh bien, c'est à cette nouvelle question que nous allons pouvoir répondre dans les chapitres qui suivent, car il aurait été plus étonnant que cette réponse se trouvât dans les chapitres qui précèdent. Passons donc aux questions strictement pratiques, après ce détour lexicologique que tu as dû trouver fastidieux, même abstraction faite de la ténuité de tes capacités cognitives, qui t'ont conduit jusqu'au rayon « développement personnel et bien-être » de ta librairie.

Leçon n° 2

ACCEPTER SA FIN

Ou la précipiter

Mais je ne peux pas mourir, je suis l'homme le plus riche d'Europe !

Dernières paroles d'un milliardaire italien

Rappelons-nous pour commencer cette magnifique sentence de l'immortel Aristote : « Tous les hommes sont mortels. » Certes, mais mourir constitue-t-il un obstacle rédhibitoire à l'ambition de réussir sa vie ? C'est une question que l'on me pose souvent dans le cadre de mes formations. Bien que touchante de naïveté, la question mérite d'être posée. On verra plus tard que ce n'est pas tant le fait de mourir que celui de naître, qui peut constituer un obstacle majeur à la réussite. Mais n'anticipons pas. Et tâchons d'apporter une réponse claire à un questionnement légitime, du moins au stade où nous en sommes.

On l'a dit dans le chapitre précédent : la vie n'est pas une performance comme une autre, puisque la vie *n'est pas* une performance. En effet, une performance a un début et une fin, et l'on ne peut dire si elle est réussie qu'une fois qu'on est parvenu à son terme. Or, le gros problème de la vie, c'est qu'elle n'a pas vraiment de fin. Attention, ne te réjouis pas trop vite de cette nouvelle ! Cela signifie uniquement que personne ne peut assigner par avance un terme à son existence et se dire : « Une fois que j'aurai accompli telle ou telle chose, ça y est j'en aurai fini, j'aurai réalisé ce qui était prévu dans mon cahier des charges. » C'est peut-être regrettable, mais la vie ne s'accompagne pas d'un document contractuel fixant selon échéancier les modalités de son exécution. Si tel était le cas, le taux de suicide euthanasique serait beaucoup plus élevé.

Tu pourrais aussi protester : « Mais bien sûr que la vie a une fin, c'est la définition même de la mort que d'être la fin de la vie ! » Il me faut donc apporter aussi cette petite précision : c'est uniquement ta propre vie qui n'a pas de fin – et c'est la seule, rappelons-le, à pouvoir être objet de réussite (on ne réussit pas la vie des autres) –, or on n'assiste pas à la fin de sa propre vie, uniquement à celle des autres, et c'est pourquoi il est assez difficile de dire au moment voulu si elle est réussie ou non, car le moment n'est jamais voulu… ou presque.

Ou si tu préfères : la fin dernière de la vie a ceci de très particulier qu'elle ne peut pas être vécue, ce qui est assez désagréable quand on songe à tous les efforts qu'on fait toute la vie pour que rien ne nous échappe. La preuve en est qu'il est extrêmement rare d'entendre quelqu'un qui vient tout juste de trépasser, selon les critères médico-légaux en vigueur, affirmer : « Tout s'est très bien passé, j'ai bien trépassé. » Bref, la mort ne se vit pas, et bizarrement, elle ne se meurt pas non plus. Mais alors, qu'est-ce qu'elle fait ? Rien. Oui, la mort fait rien, avec un incontestable savoir-faire.

Tu pourrais m'objecter que, dans ce cas, ce sont les autres qui peuvent dire si ma vie a été réussie ou non, l'autre se caractérisant avant toute chose par le fait qu'il est encore là après ma fin (caractéristique elle-même contestable puisqu'on peut se demander si cela fait sens de parler d'un *autre* si *moi*, je ne suis plus là, mais passons [1]). Grave contresens ! Car l'autre, qui a pour principale caractéristique de n'être pas moi,

1. Voilà pour ta gouverne une rapide petite liste d'ouvrages de vulgarisation pour y voir un peu plus clair sur la question : Edmund Husserl, *Les Méditations métaphysiques* ; Emmanuel Lévinas, *Le Temps et l'Autre*, Martin Heidegger, *Être et temps* ; Ludwig Wittgenstein ; *Tractatus logico-philosophicus* ; Jean-Paul Sartre, *La Transcendance de l'ego* ; et Marc Levy, *Toutes ces choses qu'on ne s'est pas dites.*

même avec des efforts, ne peut disposer que d'indices extérieurs fragiles et non de critères objectifs et sûrs pour évaluer la réussite de mon existence. D'autant qu'il y a pas mal de ratés dans la foule des autres, et de jaloux.

Et surtout, les critères de la réussite sont subjectifs, ils doivent être ressentis par le sujet qui réussit, ainsi que nous le verrons plus loin.

À quel critère puis-je savoir que j'ai réussi ma vie ?

Savoir si quelque chose est réussi ou non suppose des critères d'évaluation, et une évaluation n'a de sens qu'après coup : on ne peut porter un jugement définitif que sur ce qui est achevé. Malheureusement, évaluer la vie une fois qu'elle est passée est chose impossible, c'est bien dommage. C'est la grande différence entre la réussite de la vie et la Légion d'Honneur : la première ne peut pas s'obtenir à titre posthume.

D'où le fameux théorème dit du père Lachaise : **on ne peut pas réussir sa vie à son insu.**

Alors qu'on peut très bien la rater sans s'en apercevoir ; je le dis pour tous ceux qui auraient peur de l'échec. Car la réussite de la vie suppose sentiment ou conscience de la réussite. Or la mort n'est pas un état qui s'accompagne de sentiment ou de conscience, pour la bonne raison que la mort n'est pas un état, ou pour la raison encore meilleure que la mort n'est pas. On est toujours frappé par la stupéfiante apathie que suscite pour les intéressés (qui n'ont en l'occurrence d'intéressé que le nom) une récompense posthume, même la plus haute. On peut vous réserver la cour des Invalides, mobiliser l'orchestre de la Garde républicaine, vous faire l'insigne honneur d'un discours présidentiel, autant d'indices que vous faites de toute évidence partie de la caste des *winners*, cela ne vous fera ni chaud ni froid (surtout ni chaud), et si chacun pourra ensuite rentrer chez soi avec le sentiment du travail bien fait, vous n'en aurez pas plus réussi votre vie.

De manière générale, l'indifférence des morts à l'égard des vivants, lesquels ne manquent pourtant pas de faire montre à leur endroit de beaucoup plus de bienveillance, de sollicitude et d'indulgence qu'à l'égard des autres vivants, laisse songeur. Il est évident que, s'ils avaient ne serait-ce qu'une toute petite idée de ce qui leur arrive, ils se laisseraient vite décomposer. Preuve que la mort ne leur arrive pas. Ce n'est donc pas une fois mort que l'on peut savoir si l'on a réussi sa vie, je pense que tout le monde peut dorénavant s'accorder sur ce point.

Et pourtant, il faut bien que la vie soit achevée pour pouvoir dire si elle est réussie ; rien qui ne soit achevé ne peut être considéré comme réussi. Or, même si la mort nous achève, la vie reste inachevée. C'est donc que l'affirmation symétrique et inverse est elle aussi vraie : ce n'est pas de son vivant qu'on peut savoir si l'on a ou non réussi sa vie.

Car le sentiment d'avoir réussi sa vie se retourne très vite contre ceux qui l'éprouvent : quelle motivation leur reste-t-il alors dans la vie ? Les hommes ont besoin d'avoir toujours de nouveaux défis, et ceux qui ont le sentiment d'avoir pleinement réussi leur vie se retrouvent d'un jour à l'autre privés de toute motivation, ils n'ont plus qu'à simplement vivre, sans plus rien avoir à réussir ! Les voilà acculés malgré eux à un terrible désœuvrement qui les condamne vite à la dépression.

On peut en tirer en toute logique la conclusion suivante : si vous avez de votre vivant le sentiment d'avoir réussi votre vie, c'est qu'au fond vous avez un tempérament dépressif latent, qui ne manquera pas de se manifester au grand jour par la suite. Il vaut donc mieux éviter dans la vie de se fixer comme but de la réussir, non que ce but ne puisse être atteint, mais c'est uniquement que l'atteindre de son vivant rend les jours qu'il vous reste à vivre particulièrement démoralisants, vous menant à plus ou moins long terme vers un sentiment de ratage complet.

Alors que si vous vous fixez à l'inverse comme but dans la vie de simplement vivre, là vous avez beaucoup plus de chances de réussir. Il est donc important de remettre à demain la réussite que tu peux obtenir le jour même. Tout l'art des vrais *winners* est de savoir ajourner sans cesse leur réussite, et la vie qui va avec, d'autant que, comme me disait récemment un ami poète au téléphone : « La vie n'est ajournée que si la mort lui nuit. » Tu ne peux donc réussir ta vie qu'en remettant chaque jour à plus tard le projet fou de réussir ta vie. La seule chose qu'il ne faut sous aucun prétexte remettre à plus tard en la matière, c'est la procrastination.

On ne peut donc dire ni une fois mort ni de son vivant si l'on a réussi sa vie, mais cela n'empêche pourtant pas de donner ces deux premiers conseils, parfaitement complémentaires, et dont on peut comprendre désormais qu'ils relèvent de la sagesse la plus élémentaire :

Si vous voulez réussir votre vie :

1. **Ne vous donnez surtout pas comme but de réussir votre vie ;**
2. **Ne la réussissez surtout pas trop vite.**

J'ai un exemple personnel qui démontre la pertinence de ce précepte. L'un de mes amis m'a dit il y a quelques années, avec ce sourire béat et cette satisfaction crasse de tous ceux qui jettent leur bonheur à la figure des autres sans la moindre délicatesse : « Tu vois, si je devais mourir aujourd'hui même, je partirais au moins avec le sentiment d'avoir réussi ma vie. » Le hic, c'est qu'il a été bien incapable de corroborer sur-le-champ cette hypothèse et de mourir le jour même.

Il s'était sans le savoir condamné lui-même, et c'est là qu'a commencé pour lui la terrible spirale de l'échec. Car plus les jours avançaient, moins il donnait l'impression de devoir mourir et plus s'éloignait en conséquence pour lui ce sentiment d'avoir réussi sa vie, d'autant qu'il affichait une santé et une vitalité insolentes, ne lui donnant que très peu d'espoir raisonnable d'une mort imminente. Résultat : à force d'attendre vainement, il a fini par sombrer dans le désespoir et la dépression, et par se suicider avec le sentiment d'avoir tout raté. Heureusement, ce n'était pas non plus un ami très proche.

Vous reconnaîtrez néanmoins qu'il aurait mieux fait de partir au sommet, comme savent le faire les plus grands de nos champions. Un champion de la vie doit se retirer aussitôt qu'il en a touché le sommet. Et mon seul objectif est de vous aider à devenir des champions.

Voilà qui nous amène immédiatement à notre troisième conseil, inséparable des deux précédents :

3. **Si vous avez le sentiment d'avoir réussi votre vie, débrouillez-vous pour décéder sans trop tarder.**

Où l'on voit donc que non seulement la mort n'est pas un obstacle à la réussite de la vie, mais qu'elle en est même une condition pour ainsi dire *sine qua non* ou pro-active. Car à un moment donné, comme disait d'ailleurs avec autant d'humour que de simplicité le grand maître soufi Abouzakaria Etilymçani Abdel Madjid Ben Aboura El Fardany, si toutefois je ne confonds pas avec Baba Ould Cheikhna Ahamada : « Ça soufi. »

Mais trêve de plaisanteries. Car il nous faut en venir à l'inévitable question que se posent assurément ceux de mes lecteurs eux aussi animés du sentiment d'avoir réussi leur vie mais légitimement inquiets que cela ne dure pas : « Comment se débrouiller pour décéder rapidement ? »

Mourir vite et volontairement, c'est à la fois très simple et très compliqué, car tout repose dans la capacité à lâcher prise… Comme disait Lao-tseu à sa mère lorsqu'elle lui demandait de faire enfin quelque chose de sa vie : « C'est par le non-faire qu'on gagne l'univers, et toc ! » Agir ou mourir, il faut choisir. Pour réussir sa mort, il n'y a donc tout simplement rien à faire, il n'y a aucune action positive à accomplir, car seule la vie est positive, on y reviendra, il faut opérer exclusivement par soustraction : tout ce qui s'allume en nous, il faut l'éteindre, il faut même le laisser s'éteindre tout seul, il faut s'éteindre.

Là encore, les mots parlent d'eux-mêmes : mourir, c'est tout simplement s'éteindre. Mais où est l'interrupteur ? me demande-t-on parfois,

LE SOUFISME*

Venant de l'expression « Souffat Al Kaffa », qui signifie « éponge molle », le soufisme constituerait la branche la plus molle de l'islam, sur laquelle il est particulièrement décommandé de s'asseoir, en même temps que celle qui a le plus de capacité d'absorption, puisqu'elle absorbe en elle la tradition du taoïsme, du bouddhisme zen, de la sagesse grecque, de l'évangélisme, du maoïsme et de la psychanalyse freudienne, faisant preuve d'une extraordinaire mollesse doctrinale.

Le soufisme va jusqu'à prôner l'absorption complète du moi en Dieu, selon le principe de l'amollissement radical qui conduit à l'extinction naturelle de l'individu par auto-annulation de la force vitale. Le soufi endurci se reconnaît ainsi à ce que, par l'effet d'un long travail initiatique, il ne tient plus debout sans assistance extérieure, d'où viendrait l'autre étymologie contestée – bien qu'on n'ait jamais su par qui – du terme : « Ahl al-soufa » qui signifie « les gens du banc ». À La Mecque, les soufis se reconnaissent à ce qu'ils ne peuvent tenir debout et s'assoient sur les bancs publics afin de regarder les autres prier.

Le soufisme a eu peu d'influence en Europe, et moins encore en France, du fait de la concurrence redoutable du macronisme, mais quelques confréries soufies ont réussi à pénétrer clandestinement certains villages reculés de Corse. La devise du soufisme est aujourd'hui bien connue – bien qu'on ne sache pas non plus par qui : « Être mou, c'est dur. »

* Cet article ne cite pas suffisamment ses sources.

et vous remarquerez que ce n'est pas la première question qu'on me pose. Ne cherche pas : il est comme la lumière, il est en toi. Car comme disait très justement le grand Maître Yogi Tâthata : « Tu es à la fois la lumière et l'interrupteur. »

La méthode la plus usitée dans la grande tradition du Jdana Yoga est la cessation spontanée de toute fonction vitale, qui suppose une capacité extraordinaire de concentration sur soi, à laquelle l'excès d'intérêt des Occidentaux pour tout ce qui se passe en dehors d'eux prédispose malheureusement assez peu. On pourra donc lui préférer un petit exercice de respiration en pleine conscience, dans la lignée de ceux proposés par mon éminent confrère Cristo Fandré, que tout un chacun devrait pouvoir réaliser avec assez peu d'entraînement : il suffit d'expirer profondément, de manière ininterrompue, jusqu'à se vider de toutes ses réserves d'air, en prenant soin de ne jamais ré-inspirer – c'est là la seule petite difficulté.

Ceux qui y parviennent ne manquent pas d'air, mais le fait est que la plupart se dégonflent au dernier moment. C'est la pratique courante dite du dernier souffle, qu'il est plus aisé d'accomplir à l'aide de points d'appui extérieurs, car les gens ont souvent beaucoup de mal à se libérer par eux-mêmes de la contrainte, ils se mettent trop de pression. D'autant qu'avec le temps, on finit bêtement par s'attacher à soi.

C'est pourquoi la grande tradition soufie nous enjoint d'attendre le jour de notre anniversaire pour expirer : le moment de souffler ses bougies est idéal pour pousser en même temps son dernier souffle. Au lieu de se concentrer sur soi, ce qui ne favorise pas toujours le lâcher-prise, notre esprit est entièrement concentré sur l'acte d'éteindre les bougies, ce qui nous permet de nous éteindre progressivement sans y penser, selon le souffle naturel de la vie. Il y a même de fortes chances que l'on soit chaleureusement applaudi si l'on y parvient : « Happy birthdeath to you ! » Mourir sous les applaudissements, voilà qui est presque aussi désirable que de mourir sur scène.

La mort est une naissance à l'envers, même si l'on a parfois du mal à identifier le ventre auquel on retourne, et c'est honorer le cycle de la vie, c'est boucler parfaitement la boucle que de faire coïncider le jour de sa mort avec le jour anniversaire de sa naissance. C'est le symbole même d'une parfaite réussite, que de choisir comme issue finale le jour de sa sortie inaugurale, selon le principe du retour du même, à l'envers.

Le grand William Shakespeare lui-même a fait l'effort d'expirer le jour anniversaire de sa naissance, et dans la ville même où il est né, je vous prie ! L'indéniable marque du génie ! À chaque fois qu'il soufflait ses bougies, se posait pour lui la même question : expirer ou ne pas expirer ? Il a fini par trancher le jour de ses 52 ans. On raconte même qu'il aurait prononcé ces derniers mots, particulièrement inspirés, avant d'expirer dans un magnifique dernier souffle, ample et profond : « Moi, William, j'expire ! »

La maîtrise du souffle est donc un élément clé de la réussite de l'existence. D'où le fameux précepte de la sagesse universelle : **avant d'apprendre à vivre, il faut savoir expirer.**

En résumé : il ne faut donc pas attendre la mort pour savoir si l'on a réussi sa vie, il faut devancer l'appel. On ne peut avoir ni à titre anthume ni à titre posthume l'assurance d'avoir réussi sa vie, mais on peut décréter la réussite en se retirant à point nommé. Comme disait Sénèque avant un suicide particulièrement laborieux ordonné affectueusement par son ami Néron : « L'endroit où tu t'arrêtes, peu importe. Arrête-toi où tu voudras pourvu que tu te ménages une bonne sortie. » Et comme on va le voir dans le chapitre qui suit, il n'est jamais trop tôt pour se retirer. D'autant que la vie est une blague : la plus courte est souvent la meilleure.

Leçon n° 3

FAIRE SON ENTRÉE DANS LA VIE

De quelques conseils utiles pour réussir sa naissance

Des erreurs,
j'en ai fait.
D'abord, je suis né.
Première erreur !

Woody Allen

Comme disait quelqu'un dont j'ai oublié le nom et qui aurait pu être n'importe qui tant ce qu'il a dit est quelconque, mais qui pourrait bien être Aristote : « Tout se joue avant 4 ans. » Or, combien sont ceux que l'on prend soin de préparer à une vie réussie dès leur naissance, et même avant ? On ne se rend malheureusement pas compte qu'il est toujours déjà trop tard ! Car tout le monde n'a pas la prévenance de la mère du grand philosophe Luc Ferry, elle qui ne manquait pas de lire régulièrement à voix haute les pages saumon du *Figaro* à son fils, quand celui-ci logeait encore dans l'utérus maternel. On comprend d'autant mieux qu'il ait été disposé précocement à écrire son incontournable opus *Qu'est-ce qu'une vie réussie ?*, paru pourtant plus de cinquante après son expulsion non désirée du ventre de sa mère, et alors même que Jean-Pierre Raffarin venait de l'accueillir dans son giron.

La naissance est-elle un hasard ?

Beaucoup trop nombreux sont les gens qui aujourd'hui encore, pourtant à une époque de contrôle de la natalité, négligent leur naissance, souvent sous le fallacieux prétexte qu'être né quelque part ce serait toujours un hasard, et que, je cite, « on ne choisit pas ses parents, on ne choisit pas sa famille, on ne choisit pas non plus les trottoirs de Manille, de Paris ou d'Alger pour apprendre à marcher », quand ils n'ajoutent pas avec un petit air autosatisfait : *nom'inqwando yes qwag iqwahasa !* Argument ô combien fallacieux !

De plus en plus de nos jours, l'invocation de l'origine sociale sert systématiquement d'excuse : on ne naît pas tous égaux face à la réussite ! Mais c'est la raison même pour laquelle il convient d'être beaucoup plus réactif et de ne surtout pas se laisser entraîner sur la pente fataliste : si l'on ne veut pas se poser en victime, il est impératif d'inverser au plus tôt le mouvement et de se mettre en état de choisir ses parents et son milieu d'origine ! À moins de prôner la complète cécité sociologique ! Et pourtant, les gens continuent d'arriver au monde comme des fleurs, sans la moindre notion de sociologie de la reproduction, comme si Bourdieu n'avait jamais existé !

Il est quand même incroyable de constater que presque cinquante ans après la première édition de *La Reproduction* de Bourdieu et Passeron, les gens continuent très majoritairement de naître au sein de milieux défavorisés et même – les statistiques ne cessent de le démontrer – au sein de familles pauvres dans les pays pauvres, et qu'ils négligent sans vergogne le VIIe arrondissement de Paris, où l'indice de fécondité dépasse difficilement 1,6 enfant par femme (et je ne parle pas des hommes !) et où de nombreux couples de la rue de Varenne, vivant pourtant dans l'opulence, doivent même se contenter de 0,6 enfant. Qu'on n'aille pas me dire qu'ils n'étaient pas au courant ! Il n'est plus possible aujourd'hui, à une époque où Internet met à la disposition de tous les savoirs les plus spécialisés, de jouer la carte de l'ignorance ou de la naïveté.

C'est un fait indubitable, on ne part pas tous avec des chances égales dans la vie : les habitants du VIIe arrondissement ont beaucoup plus d'efforts à faire que les autres pour rater la leur.

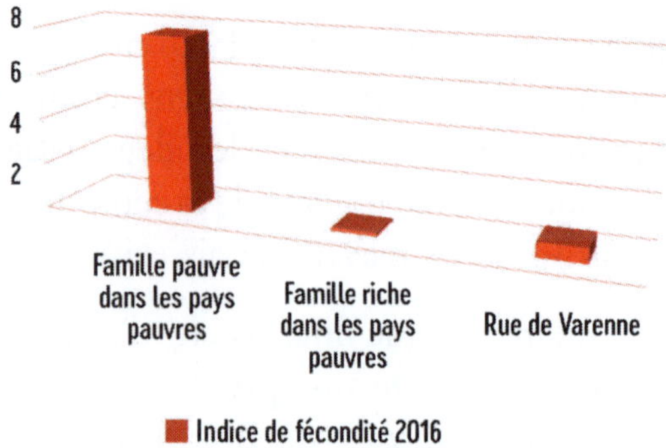

Indices de fécondité utiles
pour préparer au mieux sa naissance.

Mais il est encore temps d'inverser la courbe. Revenons simplement au bon sens élémentaire : si les gens naissaient majoritairement, au contraire de ce que font apparaître toutes les courbes démographiques actuelles, au sein de familles riches dans les pays riches, le problème de la pauvreté dans le monde se résoudrait automatiquement, du moins à moyen terme. Cela suppose uniquement un véritable choix politique qu'aucun gouvernement n'a aujourd'hui le courage d'assumer, préférant pouvoir se rabattre de manière irresponsable sur l'argument de l'excuse.

En attendant, c'est à chacun, à son petit niveau, d'essayer d'impulser le mouvement, en s'efforçant par tous les moyens de venir au monde dans des familles riches, bien entendu, mais aussi dans les pays riches. Car il est vivement déconseillé de naître au sein d'une famille riche dans un pays pauvre, c'est moralement assez éprouvant, mais aussi source d'exclusion et de marginalité. L'apartheid ne fonctionne pas que dans un seul sens ! Et rappelons-nous qu'il est beaucoup plus difficile de réussir sa vie quand on est entouré d'une multitude d'envieux, condamnés à la misère et plus ou moins conscients que leurs chances sociales de réussite sont quasiment inexistantes. Comme dit très justement le grand Luc Ferry, dont je rappelle que lui, au moins, a pensé très tôt à réussir sa vie : « Pour être généreux, il faut être riche. »

Et c'est la raison pour laquelle les pauvres manquent tant d'empathie et lorgnent avec hargne vers la richesse du riche, autant que vers sa générosité. Tant qu'on n'aura pas remplacé les aides sociales par des cours de bouddhisme zen, le pauvre, n'ayant malheureusement pas les moyens d'une âme généreuse, continuera d'être hargneux. Alors que si tous ceux qui n'ont rien n'en demandaient pas plus, il serait très facile de contenter tout le monde. En attendant, les pauvres ne peuvent faire autrement que d'être dans la demande et la plainte permanentes, et d'autant plus quand ils sont assistés.

C'est pourquoi il est recommandé, afin de mieux sécuriser son parcours de vie, de naître dans un environnement social relativement homogène et endogamique, comme Neuilly-sur-Seine (et ne confondez pas avec Neuilly-sur-Marne, vous réduiriez considérablement la probabilité du succès), où la seule logique naturelle de la reproduction sociale suffit à garantir dès la conception les chances de réussite.

Bien que sachant tout cela, il est rare que nous soyons capables d'anticiper, et ce pour une raison très simple : notre vie ne commence pas dans telle ou telle contrée du monde, ou dans tel milieu social, mais dans un ventre, espace clos complètement coupé du monde et de sa réalité. Il n'est rien de plus trompeur que la chaleur et l'étanchéité d'un giron maternel, que la douce rotondité d'un utérus, que la tiédeur de cette maison close parfaitement imperméable à l'influence des origines sociales, et qui nous fait croire bêtement à l'égalité des chances. L'égalité des ventres est un leurre, un miroir aux alouettes qui fait miroiter pour tous la réussite, nous faisant complètement oublier que celle-ci est réservée à une toute petite élite.

Comme on aime à dire au Secours catholique, bien connu pour être une école de l'humour : « Les hommes naissent égaux en droit, mais c'est juste après la naissance que ça se gâte. » On aimerait ajouter aussitôt : *et alors il est déjà trop tard*. Car comme disait Lao-tseu, ou Arthur Schopenhauer : « La vie est le seul véhicule qui ne dispose pas de marche arrière. » Et c'est pourquoi on crie à la naissance, du fait qu'on réalise soudain qu'il est trop tard pour éviter le choc et l'accident, et qu'on comprend alors à nos dépens que la vie est un accident mortel. Le plus étonnant est surtout qu'on ne crie pas plus longtemps…

Bref, de la même manière que savoir conduire suppose de ne pas se précipiter aveuglément vers le danger et le risque d'accident, se disposer à réussir sa vie, c'est savoir éviter de se précipiter vers l'accident mortel de la naissance.

Sur ces remarques pleines de bon sens, je suis sûr que tu te demandes, cher lecteur : « Fort bien, mais comment faire ? »

comment faire ?

C'est une excellente question. D'autant que les philosophes prétendent indûment que la sagesse suprême serait d'apprendre à mourir, voire d'apprendre à vivre, alors que nous n'avons même pas appris à naître ! Soyons logiques, commençons par le commencement. En effet, face à la naissance, condition première et *sine qua non* de toute réussite, plusieurs possibilités s'offrent à toi :

1. Ne pas naître

C'est ce qu'on appelle la solution par défaut d'évitement de l'échec. Cela renvoie aussi à la vertu d'anticipation, celle qui fait l'unité de toutes les autres vertus, et qu'on peut nommer avec le grand Aristote : la *prudence*. D'où mon premier conseil à celui qui s'apprête imprudemment à sortir du ventre de sa mère : « **Ressaisis-toi.** »

Comme disait un philosophe roumain qui n'a su éviter la naissance, mais n'en a pas moins manqué toutes ses tentatives de suicide au point d'expirer tranquillement dans son lit à un âge très avancé, après avoir complètement oublié qu'il avait été irréductiblement pessimiste, un certain Emil Cioran : « N'être pas né, quand on y pense, quel espace, quel soulagement, quelle liberté ! » J'ajouterais volontiers : quelle audace !

Et comme je le disais au chapitre précédent, il n'est jamais trop tôt pour se retirer. En latin, « se retirer à temps » se dit *coitus interruptus*, qui renvoie aussi à l'une des formes les plus anciennes de la prudence aristotélicienne, par laquelle le risque de la naissance est évacué au plus tôt. En latin moderne, on peut dire plus simplement *durex*.

2. Rester aussi longtemps que possible dans le ventre de sa mère

Si l'on n'a guère su faire preuve de sagesse et se retirer à temps, la tentation est grande – et ô combien légitime – de continuer à baigner durablement en terrain utérin, dans un milieu qui vous garantit une vie tiède, douce, et sans aspérité. D'où l'expression populaire, par où se manifeste de la manière la plus claire notre sentiment d'une pleine réussite : « Tout baigne ! » Mais nombreux sont les prétendants et très rares les élus, aussi zélés les élus soient-ils, si l'on prend exemple de Lao-tseu, toujours lui, bien connu pour être resté quatre-vingts ans dans le ventre de sa mère (vives félicitations à la maman) et être mort ensuite très âgé, mais assez peu de temps après sa naissance. C'est pourquoi il a été pertinemment prénommé Lao, qui signifie « le vieux » en chinois. En effet, à une époque de forte mortalité infantile, et où l'espérance de vie ne dépassait pas les 40 ans, naître vieux était le seul moyen certifié d'éviter de mourir jeune [1].

3. Recourir à des ersatz d'utérus

Il faut savoir regarder sans fard les choses en face : si tu es en train de lire ce livre, aimable lecteur, c'est que tu n'as su ni éviter la naissance ni même rester dans le ventre de ta mère, qui est l'un des derniers endroits où l'on peut encore échapper à Amazon (mais pour combien de temps encore ?). Ta vie s'est donc ouverte sur un échec inaugural que tu ne pourras jamais totalement combler, et qui fait de nous tous des nostalgiques du giron maternel. Il existe néanmoins quelques moyens artificiels d'adoucir notre peine et de trouver en ce monde un refuge à la faille qui nous fonde. Le génie technologique humain s'est toujours mis au service de l'invention d'ersatz de poches utérines où chacun puisse retrouver la douceur infinie des sensations prénatales.

---

1. Vous trouverez plus de précisions biographiques dans l'aussi incontournable qu'excellent *La Vie rêvée des philosophes* (François Bourin, 2012) dont je ne suis que le modeste auteur.

Si tant de monde se précipite au salon de l'automobile, c'est avant tout pour y rechercher avec avidité le modèle d'utérus artificiel susceptible de lui convenir. L'amour des hommes pour l'automobile vient de là, du bonheur de retrouver un univers étanche, sécurisé, imperméable au monde extérieur et à l'altérité, tout en nous laissant dans l'ignorance de cette menace que l'embryon lui non plus ne voit pas venir : la menace de la brutale expulsion, de la naissance, de l'accident mortel. Et cet amour ne date pas d'hier. Déjà le Bouddha l'avait perçu avec une grande acuité : « Tu ne choisis pas ta route, petit scarabée, mais uniquement ta voiture. » Ainsi parlait Zarathoustra.

À chacun, donc, de trouver le véhicule approprié, celui qui permettra de parcourir sa voie en toute insouciance, pour aller de je-ne-sais-quoi à presque-rien avec une circulation totalement fluide.

Je me permets malgré tout quelques conseils sélectifs de substituts d'utérus, même s'ils ne sont malheureusement pas accessibles à toutes les bourses : on préférera les véhicules légers, de petite taille, trois portes uniquement, de forme arrondie, à tendance ombilico-centrée, type Fiat 500, Autobianchi, Coccinelle ou Citroën

C3 première génération, qui peuvent avantageusement servir de véhicules utérins tout terrain, pour peu qu'on s'efforce de les maintenir à une température constante de 37,2 °C, de les conduire dans le plus simple appareil et entièrement épilé, après avoir pris soin d'en recouvrir de manière homogène les fauteuils d'une fine couche de bave de gastéropode.

Modèles de véhicules utérins tout terrain.

4. Pratiquer le *rebirthing* : revivre sa naissance pour renaître à sa vie

Il existe aussi un autre lot de consolation pour tous ceux qui n'ont su trouver en eux la force d'éviter de naître : la pratique de plus en plus répandue, dite du *rebirthing*, venue comme son nom l'indique de la tradition germanique, inspirée tout à la fois de la Gestalt-therapie, de l'hypnose néo-ericksonienne et de la neuropsychologie de la réminiscence, ce qui ne vous aura pas échappé, je l'espère. Elle permet à chacun de revivre sa naissance par la remémoration libre et spontanée, afin de se libérer du traumatisme qu'elle a provoqué dans tout notre être. Avec un seul objectif : arrêter de subir sa naissance pour mieux redevenir acteur de sa vie.

Un atelier de *rebirthing* commence par le rituel suivant : chaque participant met son pouce dans la bouche de son voisin et s'efforce de retrouver la position fœtale la plus confortable pour lui, l'ensemble reproduisant ainsi une grande chaîne de solidarité inter-fœtale dans laquelle chacun, sucé par l'autre, bénéficie d'une sollicitude inédite qui favorise la régression à l'état simili-infantile. Après un temps qui peut aller d'une à 227 minutes, selon les dispositions des participants à s'oublier pour mieux s'absorber en eux-mêmes, l'animateur de l'atelier, désigné par le titre de grand accoucheur, choisit un participant au hasard et lui lance l'injonction suivante : « Revis ta naissance pour mieux renaître à ta vie », tandis que tous les autres participants chuchotent en chœur pour mieux l'accompagner dans son trajet réminiscentiel : « *Rebirth... rebirth...* »

Il est très important de suivre ce protocole pour favoriser la libération des énergies mémorielles, à la fois sensorielles et cognitives. Et surtout, une pratique régulière du *rebirthing*, à laquelle même les plus modestes pourront accéder par le biais du paiement échelonné, permet de renaître suffisamment de fois pour finir par ne plus souffrir d'être né une première fois. De là naîtra aussi le processus de résilience sans lequel ne saurait se former l'estime de soi indispensable pour réussir sa vie. Mais n'anticipons pas, car la question fondamentale de la résilience fera l'objet de notre prochaine leçon.

Voilà qui nous amène à l'ultime conseil de cette précieuse leçon, avant d'aborder de front la question cruciale de la résilience.

UN MAGNIFIQUE EXEMPLE DE *REBIRTHING*

Gérard, 46 ans, nous raconte sous hypnose son premier cri, selon le principe de l'association excessivement libre :

« Moi, mon premier cri, c'était un mot d'excuse, pire, un râle de contrition. Dès que je suis sorti, j'ai crié : "Oh pardon !" Oui, j'ai tout de suite senti que je gênais. J'étais dans mes gènes un gêneur, ça m'a bien gêné, c'est pourquoi j'ai râlé, car qui est gêné râle.

D'ailleurs c'est curieux, il se trouve que mon père était général, il n'y a pas de hasard, mais lui, il ne s'est pas gêné avec ma mère, il n'a pas pu se retenir, le coup est parti trop vite (du coup, il n'a pas pu ME retenir), il a toujours tout fait trop à la hâte, c'était un père hâtif…

Oui, un père hâtif, je suis catégorique. Il faut dire à sa décharge qu'il a eu le sentiment de ne pas avoir le choix, d'être un peu acculé par ma mère. Elle s'en est même inquiétée auprès de mon père, dès qu'il est venu : "Mon Dieu, mais vous ai-je acculé ?" On peut dire que c'est vraiment à sa décharge…

Bref, mon père est passé tellement vite que ma mère n'a rien vu venir, la pauvre, ils n'ont même pas eu le temps de se connaître, oui je suis né de père inconnu, inconnu surtout de ma mère… Comme je vous disais, on sait juste qu'il était dans le génie militaire. Mais le vrai génie militaire, c'était ma mère, elle a vu rentrer tellement de soldats sans avoir le temps de les connaître, qu'on la surnommait même avec tendresse la tombe du soldat inconnu.

Elle avait un métier très prenant, elle était tout le temps prise, à toute heure, par tout le monde et n'importe qui, un sens inné des relations publiques, elle avait l'art de se plier en quatre pour servir l'armée française, dans le respect des positions dues à chacun, et à ses heures perdues, elle jouait même du trombone, figurez-vous, elle était un peu bohême, un peu artiste.

Elle vivait un peu comme dans un film. Et moi, on peut dire que je sors tout droit de ce film : je suis né sous X. Néanmoins, pour ne pas déranger ma mère, je l'ai abandonnée à la naissance, elle ne s'est rendu compte de rien, on n'aurait jamais dû couper le cordon, parce que du coup il n'y avait plus rien qui me retenait, ma mère n'a jamais eu la moindre preuve de mon existence, elle est restée orpheline. Sur mon absence de berceau, elle a écrit mon nom : personne, et elle s'est bercée d'illusions en attendant vainement qu'un père sonne.

Depuis lors, j'ai toujours eu l'impression de gêner, d'ailleurs ça me gêne un peu de le dire. Je suis dans la retenue, je retiens tout, je ne peux pas me retenir de me retenir, je suis en rétention provisoire permanente. Je suis un incontinent de la continence, j'en ai des problèmes de transit intestinal et même de méat urinaire, je n'arrive plus à pisser normalement : rien à faire, le méat coule pas… »

Les participants à l'atelier de *rebirthing* ont tiré de ce récit deux points notables d'analyse.

- Premier point : cette charmante petite histoire démontre, dans la lignée du grand Freud, que ce sont souvent les petits tracas de papa-maman-pipi-caca qui nous empêchent d'avancer dans la vie. Il n'est donc jamais trop tôt pour couper le cordon.
- Deuxième point : le plus étonnant dans cette histoire est le maintien d'un fort sentiment de culpabilité, alors même que le cordon a été coupé dès la naissance, et que l'enfant a tout de suite été libéré du poids d'un père qu'il faut souvent beaucoup de temps, de préparation et de dépense affective pour parvenir à tuer. La séance de *rebirthing* doit précisément permettre au patient de se rendre enfin compte de la chance exceptionnelle qu'il a d'être orphelin. Il est beaucoup plus difficile pour ceux qui ne le sont pas de trouver des sources de résilience. Gérard, sans le savoir, est ce qu'on appelle un résilient né : *a natural born fucking resilient,* selon les termes consacrés par la communauté scientifique.

Riche de ce nouveau savoir, Gérard est ressorti de la séance avec l'étrange sentiment d'avoir en vérité réussi sa vie, et il est décédé avec le sourire peu de temps après.

5. Abandonner ses parents à la naissance

C'est évidemment là le meilleur moyen, tout à la fois d'échapper au déterminisme implacable de la reproduction sociale et de se placer dans des conditions idéales de résilience. Car comme dit très justement le psychologue officiel de la République, Cyril Borusnik : « Seuls les enfants sans parents ont des parents de rêve. » Propos qu'on pourra compléter par ceux, inverses et symétriques, de Clint Eastwood, alias le débonnaire Inspecteur Harry, adressés à son supérieur hiérarchique : « Dites-moi, Bob, vous avez des enfants ? – Non… – Eh bien c'est la meilleure chose que vous ayez pu faire pour eux. »

Résumé de la leçon n° 3 : naître est l'obstacle majeur à la réussite de la vie. On résumera donc sous la forme suivante les différents conseils prénataux exposés ci-dessus : « Sois prudent, ressaisis-toi, reste au chaud, fais-toi tout petit, renais à ta vie, tue ton père et nique ta mère. »

Leçon n° 4

AFFRONTER SES ÉCHECS

Résilience, hyper-résilience, contre-résilience

Résilience n. f. :
Substantif occasionnel
du verbe résilier.
Possibilité de résilier son abonnement
à l'échec avant l'échéance fatale,
sur preuve d'achat d'un ouvrage
de Cyril Borusnik (pensez bien
à conserver votre ticket de caisse).

Wiktionnaire

Résilience, résilience !
Est-ce que j'ai une gueule
de résilience ?

Réplique fameuse du cinéma français

Aristote a dit cette chose bouleversante : « Le bonheur consiste dans la vie heureuse. » Mais la vie commence en général par la naissance, et on l'a vu, celle-ci est un événement désagréable pour la plupart de ceux qui n'ont su ni l'éviter ni l'anticiper, et dont ils arrivent difficilement à se remettre, au point de toujours finir par y succomber. Comme dit joliment un proverbe qui pourrait bien être tzigane si seulement on savait d'où il vient : « Qui crie à la naissance, en mourant comprend pourquoi. » Et il faudrait ajouter : « En attendant, qui crie à la naissance comprend simplement qu'il mourra. » Peut-être, mais il ne faut pas désespérer, car souviens-t'en : **naître est le traumatisme dont vivre est la résilience**. C'est une très belle phrase, qui m'a toujours servi de boussole, et d'autant plus qu'elle est de moi.

Nous avons en effet toute une vie pour remonter la pente que la naissance nous oblige à dégringoler d'un coup et sans prévenir. Et la résilience désigne l'ensemble des ressources exceptionnelles de vie que le malheur en sa générosité nous offre. Mais là encore, nous ne sommes pas tous égaux, car tout le monde n'a pas la chance d'être un orphelin ou un enfant juif caché pendant la Seconde Guerre mondiale. Pire encore, beaucoup d'entre nous ont le malheur d'avoir eu une enfance heureuse, d'avoir joui de l'amour de leurs parents, d'une éducation équilibrée, d'un climat serein, du confort matériel et d'avoir vu leurs besoins aisément satisfaits. Comment voulez-vous remonter la pente sur cette base ? Quels obstacles avons-nous alors à surmonter ? Comment voulez-vous réunir ainsi les conditions minimales de la résilience ?

Les statistiques le prouvent : dans 90 % des cas, la résilience est le moteur indispensable pour « booster sa *life* » et « devenir un véritable *winner* », selon les termes mêmes de l'Insee dans son rapport sur *La démultiplication des cas accidentels de résilience chez les sujets à terrain dépressif en zone périurbaine quelconque*. C'est donc un enjeu essentiel de notre démocratie que de rendre la résilience accessible à tous. Celui qui n'a pas souffert n'a pas vraiment de raison de se dépasser. Ne rayent pleinement le parquet que les dents de celui qui souhaite à chaque instant se venger des souffrances qu'il a subies au début de son parcours. Quel est l'intérêt de gagner quelque chose si cela vous est offert par avance ? Croyez-vous que tous ceux qui amassent de l'argent sans difficulté, que les héritiers ou ceux qui ont gagné au loto ont vraiment l'impression d'avoir réussi leur vie ? Non, ils se condamnent à la honte, sont acculés à la clandestinité et exposés plus que tout autre à la dépression, car de quoi et de qui se sont-ils vengés pour faire fortune ? Tel est l'impératif catégorique de la résilience : « Prends ta boue, fais-en de l'or, sinon ton or sera tabou ! » C'est aussi très beau, et c'est toujours de moi.

Et c'est en ce point que se présente une difficulté considérable dans la conquête d'une vie réussie. Car si souffrir est assez facile d'accès, même par ses propres petits moyens, avoir-souffert est quelque chose de beaucoup plus difficile à obtenir : comment revenir en arrière, comment rembobiner le film de notre existence, comment faire pour se venger d'une enfance malheureuse, de blessures et de traumatismes irréversibles survenus dans les premières années de son développement psychique et affectif, si l'on n'a rien d'autre à se mettre sous la dent qu'une enfance heureuse, insouciante, pleine d'amour et de douceur ? On ne peut pas faire marche arrière, être et avoir été, souffrir et avoir souffert, rien ne vous permet de renverser le cours d'une vie heureuse, de défaire ce qu'un passé sans souffrance a fait, et qui est définitivement ancré dans votre être.

Ce sentiment d'irréversibilité d'un passé vierge de souffrance psychique digne de ce nom est moralement accablant pour beaucoup d'entre nous. J'ai connu un patient qui souffrait terriblement de n'avoir pas assez souffert. Sa souffrance confinait au désespoir inconsolable d'être impuissant à réorienter le cours de sa vie dans un sens plus favorable à une authentique résilience. Rien ne résiliait en lui ; tout respirait si insupportablement le bonheur sans faille qu'il a sombré dans la dépression. Et existe-t-il une résilience pour ce type de souffrance ? Non, il est trop tard, bien entendu. C'est pourquoi on ne compte plus le nombre de tentatives de suicide chez les exclus de la résilience, rongés par la culpabilité d'avoir accédé trop facilement au bonheur.

À aucun moment dans les trop nombreux ouvrages de Cyril Borusnik sur la question on ne trouvera de sollicitude pour cette souffrance-là. Jamais notre psychologue assermenté ne trouve merveilleux le terrible malheur de tous ceux qui n'ont pas suffisamment souffert pour devenir résilients. Alors qu'il est prompt à s'émerveiller des ressources que le malheur offre généreusement à tous les enfants maltraités, abandonnés, ignorés, violés, frappés précocement par le deuil ! Autant dire à tous les enfants privilégiés ! Sait-il que l'une des premières causes de la dépression est l'excès de bonheur, avec toute la pression qu'il exerce sur le psychisme de celui qui n'a pas la chance de connaître quoi que ce soit d'autre ? Or on a tous besoin d'une petite dépression pour échapper à la terrible pression du bonheur.

La lecture de Borusnik est cruelle pour tous ceux qui se voient renvoyés sans autre procès à la culpabilité d'une enfance rayonnante de bonheur et d'amour, et à qui se trouve par là même interdite la voie merveilleuse de la résilience, qui est aussi, rappelons-le, la voie authentique de la réussite. On en vient à se demander si notre auteur ne serait pas lui-même un pervers narcissique, dans sa manière récurrente d'accabler avec le sourire, et de sa si douce voix, la multitude de tous ceux que la loterie de la vie n'a pas placé dans les conditions idoines de la résilience, de tous ces misérables condamnés à porter pour le reste de leur vie la chaîne de leur bonheur passé.

Certes ce qui ne te tue pas te rend plus fort, comme n'a jamais vraiment dit Nietzsche, mais il y a quand même des manières de ne pas tuer qui ne vous apportent pas la moindre force supplémentaire. Il faut que ce qui ne te tue pas ait un tant soit peu menacé de le faire, pour rendre vraiment plus fort ; c'est seulement dans ce cas que ça peut commencer un peu à résilier en nous. Sans cela, ce qui ne te tue pas ne fait rigoureusement rien d'autre que de te laisser tristement en vie. Et c'est ce qui arrive à la grande majorité des gens, n'en déplaise à Friedrich Nietzsche. Cela dit, je suis plutôt convaincu que cela ne lui déplaît pas.

Si notre psychologue ne s'intéresse pas à tous ceux-là, je le ferai à sa place. Quel intérêt y a-t-il à donner des conseils pour réussir sa vie, si c'est pour s'adresser à ceux qu'y prédispose leur développement précoce ? Alors qu'il y a un vrai défi à réussir sa vie quand une enfance heureuse nous barre par avance le chemin de la résilience.

C'est ceux-là que j'aimerais aider, par le biais d'une méthode qu'il convient d'appeler de contre-résilience.

Comment faire quand on n'a pas assez souffert ? Résilience et contre-résilience

Il est très difficile de corriger directement le tir pour notre propre compte. Mais nous avons été enfants avant que d'être adultes, et beaucoup d'entre nous ont des enfants eux-mêmes (quel que soit le risque que cela présente, je ne reviens pas sur les difficultés considérables que provoque la naissance) ou en auront dans un avenir plus ou moins proche, hélas. Et nous sommes désormais informés de l'importance décisive de la résilience, ce qu'il nous était difficile d'être lorsque nous étions nous-mêmes enfants, à une époque où Cyril Borusnik n'en avait pas encore généreusement informé la planète. Mais il n'est pas trop tard pour agir sur nos propres enfants, pour travailler à leur faire profiter des effets bénéfiques de la résilience : un homme averti en vaut deux, en tout cas vaut au moins deux enfants innocents, sinon plus. Qui n'a pas réussi à résilier pour lui-même peut quand même faire deux résilients en dehors de lui.

Souvenons-nous que le magnanime Jean-Jacques Rousseau avait ouvert la voie, avec une cohérence qu'il serait malhonnête de ne pas lui reconnaître. Lui qui avait souligné dans son traité d'éducation que l'enfant n'apprend réellement et ne se développe pleinement qu'en étant livré à lui-même et en s'émancipant au plus vite de la tutelle parentale, a eu la conséquence et le courage d'abandonner ses propres enfants, plutôt que de suivre égoïstement son instinct paternel primaire. Quoi de plus possessif et de plus égoïste que l'amour des enfants, qui n'ont rien demandé ? Comment peut-on invoquer sans vergogne le droit pour les enfants d'être aimé, autant dire le droit d'être condamné dès la naissance à un destin sans aspérité ! Rousseau est, lui, un précurseur de la Convention internationale des droits de l'enfant, dont l'article 9 prévoit explicitement qu'une séparation d'avec les parents puisse être considérée comme nécessaire dans l'intérêt même de l'enfant.

Aujourd'hui, la morale publique réprouve l'abandon, ainsi injustement nommé alors qu'il procède dans la plupart des cas de la plus élémentaire sollicitude. Et contrairement à une croyance autrefois répandue sur les rives de la Vologne, l'avortement n'est pas autorisé jusqu'aux 5 ans de l'enfant (par ailleurs, on ne peut pas prouver qu'il favorise la résilience).

Mais sans aller jusqu'à imiter Rousseau et ses épigones, il y a quelques gestes éducatifs simples à accomplir si l'on souhaite encore mettre l'intérêt supérieur de l'enfant au-dessus de notre petite satisfaction personnelle et égoïste de parent.

En effet, rien ne nous autorise à abuser de l'innocence des enfants en favorisant un bonheur qu'ils seraient conduits à regretter le jour où ils deviendraient enfin maîtres de leur propre vie, et chercheraient vainement dans le passé les obstacles à vaincre et les souffrances à venger pour s'engager dans la voie de la réussite. Mieux vaut prévenir que guérir. On peut adopter à cet égard une stratégie par défaut. Elle consiste pour l'essentiel à ne pas souhaiter inconsidérément le bonheur de ses enfants, ils pourraient finir par s'en rendre compte. Il ne faut pas souhaiter la mort des gens, ça les fait vivre plus longtemps, dit-on. De la même manière, il ne faut pas souhaiter le bonheur de ses enfants, ils finiront par s'en rendre incapables. Et plus le souhait est fort, plus y a de chance qu'il se traduise dans les actes, dans une sorte de prophétie auto-réalisatrice.

Si dans tout ce que vous faites pour vos enfants, vous évitez au contraire avec sincérité d'avoir pour finalité leur bonheur, il y a des chances qu'ils finissent par le sentir et éprouvent au moins cette souffrance typiquement enfantine qui consiste à se sentir impuissant face aux intentions hostiles des adultes les plus proches. Plutôt que de les faire souffrir directement, ce à quoi les parents, on ne sait pourquoi, sont souvent assez peu disposés, il s'agit d'éloigner chaque jour un peu plus la promesse du bonheur.

Cela ne demande pas une vigilance permanente, c'est plutôt l'affaire de petites attentions de tous les jours : ne pas laisser passer une occasion d'humiliation, les dévaloriser quand ils cherchent votre approbation, éviter de les consoler à la moindre tristesse ou à la moindre douleur, répondre à leur demande d'affection par une froideur sans excès mais suffisamment dissuasive… C'est à un ensemble de petits gestes de cette nature qu'on reconnaît aujourd'hui les parents encore capables de se sacrifier pour la réussite de leurs enfants. Car le jour où vos enfants sentiront enfin que le bonheur n'est plus du tout à leur portée, alors commencera de se former en eux le germe de la résilience future, sinon de ce désir de vengeance dont sont toujours animés les grands gagnants du concours de la vie.

Certains pourront m'objecter : « Oui, mais si l'on évite de viser le bonheur de ses enfants, si on leur souhaite même malheur et souffrance dans une mesure raisonnable, c'est justement pour leur bonheur, afin de les placer dans les conditions idéales de résilience pour réussir leur vie ; n'est-ce pas paradoxal, sinon contre-productif ? » Oui, l'objection est excellente, et n'est pas sans rappeler les meilleurs moments de la dialectique hégélienne. À ceci près qu'elle n'envisage pas les choses dans la durée. Tout est question de discipline et de ténacité : à force d'être vexant, humiliant, dur et méchant avec ses enfants, on finit par se prendre au jeu et même par y prendre plaisir. Sur la durée, cela peut même devenir une fin en soi, ct l'on oublie que c'est au nom d'un bonheur futur et supérieur, que l'on s'était fixé à l'origine comme but d'éviter le bonheur actuel de ses enfants.

Il ne faut donc pas désespérer : aussi difficile que cela puisse paraître au départ, voire contre-nature, tout le monde peut finir par prendre goût à contribuer au mal-être de ses enfants. Et ils se trouveront ainsi placés dans des conditions encore plus favorables de résilience, ne parvenant même plus à déceler derrière une action ostensiblement hostile une bienveillance cachée. Soyez-en certains : plus votre enfant vous détestera, plus il trouvera là une énergie vitale pour parvenir par ses propres moyens à la réussite et à l'épanouissement personnel. En un mot comme en cent, faites-vous détester de vos enfants, avant qu'ils ne le fassent par eux-mêmes à votre place.

On saisit désormais clairement ce qui distingue résilience et contre-résilience.

- La résilience nous dit : *venge-toi des malheurs de ton enfance*. Ainsi dépend-elle entièrement de la contingence des relations et des événements familiaux. Aucune méthode ne peut nous y garantir l'accès, car rien ne peut faire que vous ayez été malheureux.
- Au contraire, la contre-résilience dit : *venge-toi sur tes enfants des malheurs que tu n'as pas eu la chance d'avoir.*

En tant que telle, elle est entièrement en notre pouvoir et dépend de la bonne volonté avec laquelle nous nous montrons capables d'assumer nos choix éducatifs.

Mais il n'y a pas que les enfants heureux d'un côté, et de l'autre, ceux que leur malheur prédispose à la résilience. Il y a tous ceux, bien plus nombreux encore, qui sont incapables de saisir la chance que le malheur leur offre, tous ceux que la souffrance ne rend pas plus forts, mais bêtement plus malheureux, ce qui, vous le reconnaîtrez, est à la fois absurde et indécent, pour ne pas dire idiot. Car en étant mal informé, on peut passer complètement à côté de sa résilience.

Adressons-nous donc maintenant à tous ceux qui ont souffert mais qui pourraient passer à côté de leur résilience.

Comment faire pour ne pas passer à côté de sa résilience ?

Le plus grand malheur des hommes est de ne pas savoir faire autre chose de leur malheur que du malheur supplémentaire, malheureusement. Là encore les statistiques sont formelles : la plupart des enfants maltraités, au lieu de se venger en réussissant leur vie, se vengent en devenant maltraitants, et tout ceci uniquement par manque d'éducation et d'imagination. Cela n'est en effet dû la plupart du temps qu'à un problème de formation et de développement des compétences, et tout particulièrement de formation à la *positive attitude*.

Nous autres Occidentaux n'apprenons pas à développer en nous la pensée positive et nous vautrons souvent avec complaisance dans la fange de nos propres petits drames. Pourtant, l'un des premiers représentants du *positive thinking* fut Sénèque, que nous avons déjà cité et qui est aussi l'un des grands inspirateurs du développement personnel. Souvenons-nous de la saine colère qu'il éprouvait devant la complaisance avec laquelle son ami Marullus se vautrait dans le malheur après avoir perdu son fils de 4 ans : « Tu attends des consolations ? Voici des reproches : tu montres si peu de courage pour la mort d'un fils. Un fils t'a quitté, si petit qu'on ne savait trop quoi en attendre. Un peu de temps a péri. » *Think positive, Marullus !*

La pensée positive, c'est la pensée qui secoue, qui force à sortir de la complaisance et de la torpeur. Un petit système mnémotechnique très simple : dès que vous êtes malheureux, pensez à la publicité historique pour Orangina, et dites-vous que si vous vous secouez, le meilleur de votre malheur – la pulpe – va se mélanger à tout le reste pour en relever nettement le goût. Savoir se secouer, c'est la base de la résilience. Mais aujourd'hui, à une époque où les médecins sont pourtant formés à l'éthique médicale, combien pourraient s'inspirer du grand Sénèque en annonçant un cancer : « Allez, mon vieux, regardez les choses du bon côté ! Secouez-vous un peu ! C'est la première fois dans votre vie que vous avez enfin un combat à mener ! Réjouissez-vous, un peu de largeur de vue, que diable ! Si la maladie ne vous tue pas, vous en sortirez plus fort ! »

Nous sommes aujourd'hui incapables, dans nos sociétés occidentales amollies par la mauvaise habitude d'un climat trop souvent propice au bonheur et à la douceur de vivre, de positiver face à tous ces petits drames et ces petits deuils auxquels il nous faut bien un jour ou l'autre nous confronter. Pourtant il n'y a pas de *winner* sans un tant soit peu de *fight,* comme l'avait très bien montré un article de *Management Magazine* sur les bienfaits psychiques du licenciement.

C'est là que réside l'insigne avantage d'un traumatisme très précoce, qui arrive avant que se soit constituée en nous la mauvaise habitude du bonheur. Un enfant est beaucoup plus facile à secouer ; il n'est pas encore enfermé dans la torpeur de nos sociétés du confort et du bonheur. Il saura beaucoup plus aisément positiver. À partir de 7 ans, à l'âge où l'on devient capable de se décentrer pour comparer sa situation à celle des autres, déjà les capacités de résilience commencent à diminuer. Trop souvent, les enfants ne se rendent vraiment compte des malheurs qu'ils ont subis qu'une fois adolescents, mais il est déjà presque trop tard, et ils ont perdu en grande partie la capacité à combattre.

Le *positive thinking* fait naître le *fighting spirit*, et inversement ! Or, que font la plupart des adultes face au malheur des enfants ? Ils ne cherchent pas à secouer mais à consoler. Une fois que le petit d'homme a compris cela, il va rentrer dans un processus psychique d'addiction : il va rechercher systématiquement le malheur pour obtenir en retour la douceur de la consolation, et se constituer sur la durée une identité de victime, qui est la quintessence même du *total loser*.

Pour remédier à ce danger, la pensée positive fait-elle partie des programmes de l'école élémentaire ? Que nenni ! On ne la trouvera même pas dans la liste des compétences sociales et civiques du socle commun de connaissances, de compétences et de culture ! Car au-delà de sa dimension psychologique, il est évident que l'attitude positive est au cœur de la citoyenneté. Positiver est un moteur du vivre-ensemble ; rien n'est plus incivil que d'afficher sa souffrance aux yeux d'autrui, qui a déjà une vie suffisamment pénible pour ne pas avoir en plus à se soucier du malheur de son prochain.

Il faut travailler le plus tôt possible sur la capacité d'empathie : si l'on n'est pas capable de se mettre à la place des autres et de comprendre leur dégoût naturel pour la souffrance de leur prochain, il nous sera très difficile de contribuer à la construction de la vie commune et d'intégrer la communauté des citoyens. La discrétion et l'humilité dans le malheur ne sont donc pas qu'une question de politesse, c'est aussi une affaire d'empathie, d'où naît le sens intime de l'intérêt général. L'adulte qui veut consoler l'enfant de ses malheurs et se montre incapable de le secouer avec un tant soit peu de vigueur, n'a pas su développer pour lui-même cette empathie élémentaire, et fait preuve à son insu d'une certaine forme d'incivilité.

Si l'on veut donc viser la réussite pour tous, qui est censée être au cœur de la politique éducative actuelle, il est évident qu'il faut aider chacun à saisir dans son malheur l'opportunité d'une résilience, en montrant le moins de complaisance possible pour sa souffrance et ses drames. Au lieu de quoi le ministère ne trouve rien de mieux à faire que de former les enseignants à la reconnaissance des indices de maltraitance, pour les inciter à opérer au plus tôt un signalement auprès des autorités compétentes. Et voilà l'enfant aussitôt objet de toutes les sollicitudes et enfermé dans son statut de victime !

Mais rien n'invite les enseignants à adopter une attitude positive face à la maltraitance et à aider l'enfant maltraité à positiver ! Aucun « Guide pour développer la pensée positive face à la maltraitance » ! Et rappelons-nous que l'important dans la pensée positive n'est pas la pensée mais l'aptitude à positiver. Car il est aussi trop de cas où la pensée est un obstacle à la positive attitude. Quand Descartes a dit « Je pense donc je suis », quel mal n'a t-il pas fait à toute la civilisation occidentale ! C'est la plupart du temps quand on ne pense pas qu'on libère l'énergie positive pour être et affirmer pleinement son être. Positivons, la pensée suivra. Ou pas, car là n'est pas l'essentiel. Nous sommes de toute façon dans une logique de proportion inversée : moins l'on pense, plus notre pensée devient positive.

Il faut préférer aux affreuses *Méditations métaphysiques* de Descartes, dans lesquelles il médite d'un bout à l'autre sans être fichu de positiver un tant soit peu, l'excellent *Penser moins pour être heureux*, qui a aussi l'avantage de se lire beaucoup plus vite et pour un coût moindre, puisque tout y est immédiatement compris dans le titre. La pensée positive, ce n'est pas la pensée qui pense, c'est la pensée qui lâche prise, qui accepte, qui ouvre ses chakras, qui aime, qui sourit à la vie pour que la vie lui sourie. Bref, la pensée qui s'oublie et qui oublie.

Comment faire concrètement pour se libérer de sa culpabilité ?

Le principal obstacle à la résilience, et par conséquent à la pensée positive, est la culpabilité. La culpabilité est partout. Elle est le ver qui pourrit le fruit de la réussite et de l'épanouissement. Par la culpabilité, nous ne cessons de nous faire payer à nous-mêmes le malheur que nous avons subi et restons enchaînés à notre passé. Ou si à l'inverse nous avons été heureux,

COMMENT FONCTIONNE UN ATELIER DE PENSÉE POSITIVE À L'ÉCOLE PRIMAIRE ?

Depuis plusieurs années, je me bats avec l'aimable soutien de Paulo Coelho, désormais reconnu dans le monde entier comme l'un de ceux qui parviennent le plus à penser moins, pour que la pensée positive intègre les programmes d'EMC (Enseignement moral et civique) de l'école. J'ai écumé de très nombreuses écoles publiques, où l'on m'accueillait à bras ouverts, avec un seul objectif : que les élèves apprennent à penser moins. Je n'ai aucun mérite en cela, car il faut reconnaître que c'est déjà une tâche accomplie avec zèle par le système scolaire. Chacun peut aisément se rendre compte que l'enfant de 6 ou 7 ans, rempli d'étonnement, de questions et de désir de savoir, autant de dispositions néfastes à son épanouissement car sources d'inquiétude et d'émotions négatives, devient quelques années plus tard, par l'effet positif de sa scolarité, un adolescent intellectuellement apathique, préférant largement son bonheur, son repos et son iPhone, à toute forme d'activité cognitive contraignante.

Le gros problème est qu'il ne sait pas s'en réjouir ; penser moins n'est pas encore pour lui source d'une joie authentique, la joie étant, comme chacun sait depuis que Frédéric Lenoir a aimablement relu pour nous Spinoza, la source du bonheur d'exister, voire du contentement d'être, pour ne pas dire de la félicité ou même de l'ivresse de vivre.

La méthode des ateliers est aisément applicable par des enseignants motivés (ce qu'on trouve malheureusement de moins en moins dans la fonction publique). Les enfants sont regroupés en ateliers de dix, en cercle et un adulte lance la question : « De quoi avez-vous souffert cette semaine ? » Ils répondent chacun leur tour, en se passant un bâton de parole, avec tout le temps nécessaire pour laisser remonter les mauvais souvenirs à la surface, et tous les autres enfants doivent écouter attentivement, sourire et approuver, quelle que soit la nature des souvenirs évoqués. Quand tous les enfants ont exposé leurs malheurs et fait part de leurs émotions négatives, l'animateur procède toujours de la même manière : « Alors les enfants, qu'est-ce qu'on dit à Louis, qui a reçu cette semaine un coup de pied dans le ventre et plusieurs brûlures de cigarette de son papa ? » Et tous les enfants doivent répondre en chœur et toujours avec le sourire : « C'est moins grave que si c'était pire ! »

Je positive, tu positives, nous positivons, c'est ainsi que doit se conjuguer l'école de la confiance et de la bienveillance si chère à notre ministre de l'Éducation nationale.

nous nous sentons coupables de n'avoir aucun mérite en cela. La coulpe vient avant tout de notre incapacité structurelle à laisser passer le passé, de notre propension irrésistible à la rumination, que nous partageons avec les mammifères de type bovin. Mais ces derniers ruminent pour mieux oublier, alors que nous ruminons à l'inverse pour maintenir nos souvenirs d'autant plus vivaces.

Or il n'y a qu'une seule voie pour se libérer de sa culpabilité et laisser le champ libre à la résilience, c'est l'oubli. L'oubli est même dans tous les domaines, disons-le sans détour, le principal allié du succès. Faire de sa vie une *success story*, c'est avant tout se montrer capable d'oublier toutes les étapes qui lui ont permis de le devenir. Plus l'on cherche à se remémorer, à exhumer ses souvenirs, plus l'on revient sur soi, plus l'on se crispe, plus on cultive le ressentiment. Plus l'on risque de se mettre à penser, et par conséquent à entrer dans la sphère du négatif. Si l'on vous a blessé, humilié, trahi, trompé, avili, abandonné, méprisé, ou si vous avez blessé humilié, trahi, trompé, avili, abandonné, méprisé, avalez cul sec le philtre d'oubli !

Les gens oublient d'oublier, il faudrait au contraire qu'ils prennent soin de ne pas l'oublier, sans cela ils risquent fort de finir leur vie avec la maladie d'Alzheimer : la maladie de tous ceux qui ont oublié d'oublier et qui ne se le rappellent qu'à la fin (« Ah tiens, j'avais oublié ! »). Ce qui fait que l'oubli leur tombe dessus d'un coup sans prévenir, et qu'ils ne sont plus capables de le maîtriser. Il faut apprendre au plus vite à devenir maître de son oubli.

Or, le véritable oubli n'est pas oubli, il est oubli de l'oubli, bonheur de tout oublier sans s'en rendre compte. Là encore, le modèle bovin s'impose. Celui qui a un trou de mémoire a en même temps une mémoire du trou, il ne fait que se souvenir qu'il a oublié, il est déjà dans la remémoration, doublée de la pensée négative qui consiste à ne pas retrouver ce dont on est pourtant en train de se souvenir au moment où on se rend compte qu'on l'a oublié. De quoi l'amnésique ou le malade d'Alzheimer souffrent-ils exactement ? Non de l'oubli, qui est toujours une chance et qui est le moteur de la pensée positive, mais du fait qu'ils n'arrivent jamais à oublier totalement qu'ils ont tout oublié. D'où ce petit sourire de gêne qu'ils affichent en permanence au coin de la lèvre, indication discrète qu'ils oublient tout sans jamais parvenir à l'oublier.

Le véritable oubli, condition de la résilience, ne peut donc se contenter de faire table rase du passé, il doit aussi faire table rase du fait qu'il en a fait table rase. C'est là que se pose la question fondamentale pour qui souhaite arrêter de penser tout le temps et oser enfin l'action : comment faire dans la vie pour se donner comme but de tout oublier, tout en oubliant qu'on se l'est donné comme but ? Posez la question à une vache, elle l'aura déjà oubliée au moment de tenter de vous répondre, d'où le regard toujours paisible, calme et posé qu'elle saura nous opposer et dont les hommes trop pressés feraient bien de s'inspirer. Pour les humains, à la mémoire invasive, c'est évidemment plus compliqué, car il faut pouvoir commencer – et c'est toute la difficulté – par oublier ce conseil lui-même, celui de cultiver l'oubli. Ce qui suppose aussi d'oublier qu'il faut commencer par oublier ce conseil. Mais ce n'est qu'un conseil, que je vous recommande bien entendu d'oublier le plus vite possible. Oubliez donc aussi la recommandation d'oublier le conseil vous conseillant d'oublier les conseils pour réussir votre vie.

Bref, souvenez-vous en : **la condition pour réussir sa vie, c'est d'oublier tous les conseils prodigués pour réussir votre vie, à commencer**

bien sûr par ce conseil de les oublier. Ce livre ne trouvera pleinement sa valeur que s'il s'efface de votre esprit aussitôt que vous l'avez lu (comme tous les vrais bons livres de développement personnel). Car comme disait très justement Raymonde Duglantier, exportatrice de purin dans l'Aisne, en une phrase remarquable qui rappelle les plus beaux passages du *Mahabharata* : « La bouse idéale est celle sur laquelle l'empreinte de la botte ne reste pas. »

À l'issue de ce chapitre, on peut aisément faire l'inventaire des conseils qui y sont distillés et qui favorisent l'accès à une véritable résilience :

1. Faites en sorte d'avoir eu une enfance malheureuse.
2. À défaut, tâchez au moins de la garantir à vos enfants.
3. Ne devenez pas victime, et voyez toujours le côté positif du malheur.
4. Développez la pensée positive.
5. Pensez moins et positivez plus.
6. Cultivez l'oubli.

7. Oubliez tous les conseils précédents.
8. Oubliez ce précédent conseil.
9. Oubliez ce précédent conseil.
10. Oubliez ce précédent conseil.
11. Oubliez ce précédent conseil.
12. Oubliez ce précédent conseil.
13. Oubliez ce précédent conseil.
14. Oubliez ce précédent conseil.
15. Et ainsi de suite à l'infini.

Leçon n° 5

CONFIANCE, VOLONTÉ, COURAGE, VITALITÉ : LES QUATRE ÉLÉMENTS DE LA RÉUSSITE

Ou comment devenir ce que l'on est sans cesser d'être ce que l'on est devenu

Soyez toujours vous-même
et ayez confiance en vous.
Ne vous tournez pas vers l'extérieur
pour tenter de ressembler
à une personne connue.

Bruce lee

Soyez vous-même et ayez toujours
confiance en vous.

Ronald McDonald

Soyez vous-même !

Emmanuel Macron

Ainsi soit-il.

Anonyme

Aristote a dit : « L'homme est le seul animal doté de volonté et de courage. » Et de plein de trucs encore, aimerait-on ajouter. Mais n'anticipons pas. Or il est une croyance malheureusement répandue selon laquelle il serait donné à n'importe quel quidam de réussir sa vie, pour peu que les circonstances lui soient favorables, en particulier celles qui viennent d'être mises en exergue dans les deux chapitres précédents, et relatives au milieu d'origine ainsi qu'aux chances de résilience (souvent contradictoires entre elles).

S'il est donné à tout le monde d'échouer avec des circonstances favorables, il n'est donné à personne de réussir sans un certain nombre de dispositions psychologiques et morales appropriées, dont la grande majorité des êtres humains est naturellement dépourvue. En effet, les hommes ont généralement une piètre estime d'eux-mêmes, manquent de motivation, sont peureux et lâches, et enclins à la mollesse depuis leur plus tendre adolescence. Si tu as acheté ce livre, c'est probablement que quelque chose en toi résiste à cette pente naturelle, et que tu n'es pas encore totalement perdu pour toi-même.

Oser la confiance !

Confiance en soi est mère de la réussite. Il faut oser la confiance en soi ! Et pour pouvoir l'oser, il faut d'abord avoir suffisamment confiance en soi, et donc oser cette confiance en soi minimale qui nous permet d'oser la confiance en soi. En un mot comme en cent : il faut oser oser, car la confiance engendre la confiance, et réciproquement ! Lors de mes séances de coaching, beaucoup de mes patients me demandent naïvement *comment avoir confiance en soi.* S'ils posent la question, c'est qu'ils n'osent pas avoir confiance en eux-mêmes, car on ne peut y répondre que par l'acte. Je leur réponds donc que c'est en faisant disparaître cette question dans l'œuf, qu'ils parviendront à avoir confiance en eux. Et si par malheur ils me demandent en outre comment faire disparaître cette question, et dans quel œuf, mon honnêteté professionnelle et ma déontologie m'obligent à leur dire que je ne puis rien pour eux.

Car faire disparaître est une action radicale qui consiste tout simplement à tuer tout questionnement en soi. Quand on a confiance en soi, on ne demande pas comment faire disparaître un doute tenace, on agit, on balaye le doute, on fait le ménage, on nettoie son logiciel, on purifie son âme. C'est la vie qui reprend le dessus sur la pensée. Car c'est quand tu cesses de te demander *comment* que tu sais *comment*, et en aucun cas en y apportant une réponse.

Celui qui a confiance en lui-même sait par avance que la réponse qu'il donnera est de toute façon la bonne ; la nature de la réponse n'a donc en elle-même aucune importance, l'essentiel est uniquement d'être assuré que la réponse, quelle que puisse être sa nature, est nécessairement la bonne. Se demander *comment*, et pire encore *pourquoi*, est un terrible frein à l'action, qui nous enferme très vite dans le cercle vicieux de l'auto-défiance. Comme disait très justement Parménide : « Seul ce qui est est, et ce qui n'est pas, quoi que tu fasses, n'est pas. » À quoi Spinoza ajoutait, en fidèle inspirateur de Frédéric Lenoir : « Ce qui est est nécessairement bon, et ce qui est nécessaire est et en outre est bon, nécessairement. » Je pense qu'il est nécessaire, et donc bon, de connaître cette citation. Tu as confiance en toi parce que tu l'oses, alors commence par oser avoir confiance, et tout le reste suivra naturellement.

Celui qui commence par répondre n'a pas besoin de questions. Un enfant qui s'apprête à arracher les ailes d'une mouche ne se demande pas si la mouche va souffrir, il lui arrache les ailes, un point c'est tout. Il ne s'encombre ni d'interrogation ni du sentiment des autres ni de sa propre culpabilité. Et cela est nécessairement bon, puisque cela est. Alors que celui qui manque de confiance prendra la mouche à la moindre remarque négative sur son comportement : il ne sait pas accueillir la positivité positive de l'acte en tant que tel.

On connaît la principale recommandation des formateurs de l'École nationale de police, qui devrait être affichée sur les frontons de nos commissariats et qui résume en des termes lumineux le lien entre capacité d'agir et confiance en soi : « La règle de plomb de la police, en cas de péril, est : tirer d'abord, viser ensuite et réfléchir après [1]. »

1. C'est le philosophe de Châteauroux André Isaac qui, le premier, a adressé cette sage recommandation aux services secrets.

C'est la base de la psychologie générale de la confiance, ou psychologie positive : agis d'abord, donne ensuite un but à ton action, et réfléchis à son sens après.

Le problème est que les gens normaux, souvent par manque de confiance, font tout à l'envers : ils réfléchissent pour savoir ce qu'ils veulent faire, se fixent un objectif sur cette base et passent ensuite à l'action. Mais si tout le monde faisait de même, il n'y aurait aucun homme d'exception, aucun leader, aucun phare pour l'humanité, aucun véritable *winner*. Le leadership n'est rien d'autre que la manière d'être naturelle à tous ceux qui osent la confiance en eux-mêmes : aucun leader ne s'est demandé à un moment donné comment devenir un leader, il l'est devenu en menant des hommes, en s'imposant à eux dans l'action. Un leader qui réfléchit avant d'agir a déjà cessé de mener ses hommes, et commencé à se faire piétiner.

Confiance en soi et PNL

Bref, il ne faut pas attendre que la confiance revienne pour agir, il faut agir pour que la confiance revienne. Si l'on demande à l'estime de soi d'avoir des motifs, plus personne ne pourra y accéder, sinon ceux qui ont des bonnes raisons de s'estimer, et qui sont très peu nombreux, car les gens estimables ne sont pas légion, on s'en doute.

Parmi ceux-là on citera bien entendu les inventeurs de la PNL, ou programmation neurolinguistique, Richard Bandler et John Grinder. Osant se prendre eux-mêmes humblement comme modèles, et s'appuyant sur d'autres modèles avérés de réussite dans les domaines du show-biz, du sport, du management, de l'entrepreneuriat, de la finance internationale, de la vente, des relations de couple et du ramassage des déchets domestiques, ils ont construit un programme technico-scientifique de production systématique de l'estime de soi, qu'aucune expérience n'a jusqu'à ce jour réussi à invalider. Ils ont en effet très vite compris, par un simple travail d'observation, que la confiance en soi n'a rien à voir avec des raisons de s'estimer mais avec des représentations mentales et non conscientes de soi, du monde et des autres. Mais surtout de soi. La PNL n'est rien d'autre qu'un travail d'orfèvre sur nos représentations mentales.

De ce point de vue, l'approche de la PNL est totalement révolutionnaire : si un patient vient voir un thérapeute spécialiste de la PNL parce qu'il se trouve trop gros, le thérapeute va d'abord l'aider à programmer une nouvelle représentation positive, qui remplace la représentation mentale initiale, négative, elle, et reposant sur le seul principe de la défiance par rapport à soi : non pas « je me trouve trop gros », mais « je veux retrouver ma vitalité et ma forme ! ». Il fallait tout de même y penser !

Grâce à la PNL et à son action efficace sur vos représentations, vous n'aurez bientôt plus à réfléchir, vous serez programmés pour agir dans le sens de vos représentations positives, et de vous représenter positivement tout ce que vous ferez ! On connaît déjà son efficacité dans le domaine de la thérapie de couple. Combien de couples commencent leur thérapie en se disant : « On ne s'aime plus », et la finissent en se disant : « Mais qu'importe de s'aimer ou non, le couple, c'est tellement plus beau que l'amour ! », ainsi reprogrammés pour oser la confiance en eux-mêmes, dans le couple et dans sa durée ?

On sait que plus la confiance est forte, plus, à l'instar de l'amour, elle est aveugle. Une pleine confiance en soi garantit ainsi un aveuglement complet quant à tout ce qui rend à la fois caduc et absurde la tentative d'établir des critères de réussite de la vie. La pleine confiance en soi, c'est la garantie de ne rien voir :

- du caractère dérisoire de nos ambitions ;
- de l'insignifiance de nos actes ;
- de la précarité de nos relations ;
- de la fuite du temps ;
- de l'implacable travail de la maladie et de la mort ;
- du néant qui nous environne de toutes parts ;
- de l'inarrêtable catastrophe de la vie ;
- de l'impossibilité du deuil et de la permanence de la mélancolie ;
- de l'insaisissabilité du bonheur ;
- de l'oscillation continuelle entre la souffrance et l'ennui ;
- de la certitude du pire ;
- de la pugnacité de la douleur ;
- de la cruauté du destin ;
- de l'indifférence absolue du monde à ce qui nous dévaste ;
- du naufrage qui nous est promis ;
- de l'irrecevabilité de toute consolation ;
- de la vanité de toute révolte ;

- de l'inutilité de l'indignation ;
- de l'insanité de toute lutte contre la misère et l'injustice ;
- du mutisme où finit par s'abîmer tout cri de protestation ;
- du silence éternel des espaces infinis ;
- de l'absence définitive de toute transcendance ;
- de l'insondable solitude où nous gisons ;
- et des raisons de rire que tout ceci nous donne.

Bref, la confiance en soi, c'est quand même une chance à ne pas manquer. C'est le miracle gracieux d'un aveuglement tel qu'il lève d'un coup tous les obstacles objectifs à la réussite de sa vie.

Alors comment ne pas l'oser ?

Cela s'appelle l'*optimisme*. L'optimisme est cette capacité extraordinaire et rare à se détourner suffisamment de la réalité pour y voir des raisons d'espérer et d'avancer. L'optimisme n'est donc qu'une affaire de reprogrammation volontaire de nos représentations mentales, qu'on peut très bien accomplir tout seul dans son coin, enfermé dans sa chambre, et non bêtement collé au réel comme un enfant à la vitre en attendant ses parents. N'attendons pas !

Dès aujourd'hui, réapprenons à *penser printemps*, pour reprendre à notre compte la superbe métaphore de cet infatigable impulseur d'optimisme qu'est Emmanuel Macron, considéré par les meilleurs experts comme un modèle dans l'art de reprogrammer ses représentations mentales dans un sens systématiquement opposé au réel. Et, à travers cette image, c'est à l'évidence le philosophe de formation et l'homme de lettres que l'on retrouve, l'élève de Paul Ricœur et de Brigitte : « Lorsque tout semble triste, lorsque tout parfois semble perdu, ou morose, il faut penser printemps. » Cela ne dépend que d'une chose : de nous-mêmes, de notre volonté.

On le voit, le lien entre la confiance et la volonté n'a presque pas besoin d'être expliqué, tant il semble naturel. Qui a confiance en soi déborde de volonté, et inversement. Prenons néanmoins le temps d'analyser cette chose dont il déborde, et qui est si méconnue dans ce monde malheureusement rempli d'assistés qui ne veulent au fond qu'une chose : qu'on veuille à leur place, pour pouvoir se reposer. L'aboulie, l'absence de volonté, est la pathologie de notre temps, et l'heure est venue de s'élever au-dessus

LA PNL
AU SERVICE DE LA FORMATION DES LEADERS DANS LA RESTAURATION RAPIDE

Lors d'un séminaire de reprogrammation, une jeune femme manager dans la restauration rapide, m'a avoué : « My Ronald's m'a encouragée tout au long de mon parcours. C'est surtout ça qui m'a donné confiance en moi. »

On la comprend. On a besoin d'être encouragé, et cela, la programmation neurolinguistique, qui est au cœur des stratégies managériales de l'enseigne de restauration rapide, l'a bien compris. Des maîtres-praticiens confirmés de la PNL ont travaillé à la modélisation de personnes de talent au sein de l'Institut de la Frite chez My Ronald's, en leur proposant l'exercice suivant.

On donnait aux managers une patate crue, une paille en plastique, et la consigne suivante : « Vous allez devoir transpercer d'un seul coup cette pomme de terre avec votre paille. Vous n'avez le droit qu'à un seul essai. »

La majorité des managers commençaient par examiner la faisabilité de la chose, pour conclure à la faible probabilité du succès, conclusion que corroborait en général une vaine tentative pour éviter que la paille ne vienne s'écraser contre la patate. Seuls quelques-uns, avant tout examen, se saisissaient à pleine main de la paille comme d'un poignard, bloquant ainsi sans même y penser le passage de l'air à l'une de ses extrémités tout en raidissant l'autre bout, et de toute la rage de leur énergie vitale et de leur volonté, transperçaient dans un cri de guerre la maudite patate. Ceux-là étaient façonnés pour le leadership.

Cette formation avait en outre l'avantage de favoriser pour le service des ressources humaines le processus de licenciement des managers trop réflexifs, peu enclins à se lancer dans l'action avant examen, l'entreprise gagnant ainsi en vitalité à chaque nouvelle formation par la PNL. Les managers faits pour être des leaders dans l'âme sortaient de ces formations avec une représentation mentale toute neuve : « Tout ce que je tiens entre les mains peut être un poignard, et rien ne résistera à mon pouvoir de transpercer. »

On comprend mieux le succès et la pérennité de My Ronald's, quand on sait que ses équipes sont managées par des leaders aussi performants, et animés d'une confiance aussi inébranlable en eux-mêmes, exemplaire pour tous ceux qui voudraient réussir leur vie.

de la masse de ceux qui ne sont rien, à défaut d'être animés de volonté. Il n'est jamais trop tard, pour apprendre à vouloir.

La volonté suffit-elle, ou faut-il aussi la vouloir ?

La volonté, ce n'est pas un vague désir, c'est le noyau vital de l'individu, c'est une puissance archaïque, tectonique, géologique, et c'est pourquoi on dit très justement que la volonté déplace les montagnes. Ce n'est pas qu'une métaphore : c'est en effet la même impulsion qui est derrière la tectonique des plaques et la réussite de l'individu. Et cela Schopenhauer le savait bien, qu'on se le dise, à défaut d'avoir eu le temps de le lire. Chaque homme est un peu une montagne, un mont Blanc, un Everest, un Plomb du Cantal, et c'est par sa seule volonté qu'il peut s'escalader lui-même pour atteindre son sommet. Avec de la volonté, nous deviendrons tous des premiers de cordée en marche vers les plus hauts sommets de la vie !

Citons encore le président Macron, qui a atteint si jeune son propre sommet : « Quand on veut, on peut. » Mais oui, en vérité je vous le dis : veuillez et vous pourrez. Vous pourrez quoi ? Telle est la question typique de celui qui manque de confiance en lui et est empêché de vouloir par le doute et l'excès d'interrogation. Une vraie volonté ne veut rien de particulier, mais uniquement tout en général. Elle veut tout et tranche ensuite. À celui qui veut tout, tout devient possible, et aucune limite n'est mise à ses rêves.

Car qu'est-ce que la volonté sinon cet effort surhumain pour plier le réel à ses rêves ? Comme disait magnifiquement le président Sarkozy, dont le sommet n'était certes pas élevé mais néanmoins escarpé : « Avec de la volonté, tout devient possible. » La volonté est insatiable, elle est faite pour dévorer tout ce qui se trouve sur son chemin sans en laisser de restes, elle est carnassière et omnivore, et ne connaît pas d'autre obstacle que son propre manque. Comme disait très justement Paul Claudel, ou Mathieu Ricard, c'est un peu la même chose : « Pour l'envol d'un papillon, le ciel entier est nécessaire. » Et pour un coût rigoureusement identique !

Cette impulsion est en chacun de nous, à des degrés qui correspondent bien sûr à nos possibilités de départ (un SDF n'a naturellement pas les mêmes rêves qu'un futur-ex assujetti à l'ISF), mais pour qu'elle s'éveille, il y faut deux choses : de la volonté et de la confiance en soi, tout simplement. Ce sont les deux moteurs indispensables pour réveiller en chacun de nous volonté et confiance. Tout le monde a de la volonté, mais trop peu veulent en avoir. C'est toute la différence entre dire « Il veut » et « Il en veut ». C'est bien l'expression « en vouloir » qui traduit le don naturel de tous ceux qu'anime la volonté de vouloir. Le « en » renvoie implicitement à ce niveau supplémentaire de volonté.

Car vouloir ne nous tombe pas dessus, il faut en outre le vouloir. La volonté permanente de vouloir est la prérogative des véritables leaders, de tous ceux qui *en veulent*. L'impératif de la volonté s'affine donc quelque peu : veuillez-en, vous pourrez ! Vous pourrez quoi ? Vous pourrez vouloir, tout simplement. On voit bien alors qu'il est parfaitement inutile, sinon insensé, d'y ajouter la question : « Vouloir quoi ? » Se contente de vouloir *quelque chose* celui qui n'a pas assez de force de caractère pour *en vouloir* en général : le pauvre, l'assisté, l'impuissant, bref, tous ceux qui, sans être en situation de handicap, n'en sont pas moins des handicapés de la vie. On peut bien entendu les plaindre, mais on peut aussi regarder les choses avec un peu de hauteur, et se dire qu'il y a malgré tout une main invisible qui agit pour renforcer l'harmonie sociale : quelle valeur aurait en effet la réussite individuelle si la masse de la population n'était pas, par nature, vouée à l'échec ? Et si tout le monde pouvait être leader, les leaders n'auraient plus personne à mener, ce qui serait parfaitement absurde ! On serait ainsi porté à croire que la Providence, en son intelligence et sa générosité, a inégalement pourvu les hommes de volonté, évitant ainsi que le sens même de la réussite ne s'annule dans la réussite généralisée de tous et de chacun. **Ainsi s'établit le socle d'une société harmonieuse : le riche en veut, et le pauvre en veut aux riches.**

Mais ne nous trompons pas, la première des richesses du riche, comme l'a si bien montré avec tout son cœur le philosophe Luc Ferry, est évidemment celle du cœur, celle de la force intérieure, de la flamme de la volonté. Il est évident que les gens n'auraient aucun intérêt à rester dans la pauvreté matérielle si elle ne se doublait d'une pauvreté morale qui les rend bien incapables de s'en extraire. La vraie richesse du riche n'est donc pas l'argent (auquel nous consacrerons une partie du chapitre suivant, ne vous impatientez pas), ce serait vulgaire, c'est le cœur, le distributeur de bonté, l'organe du courage, le centre de la vitalité.

Réussir le courage pour trouver le courage de réussir

Souvenons-nous des mots du grand philosophe du management Peter Drucker (que je me bats chaque année pour faire enfin intégrer à la liste des philosophes du programme de Terminale) : « Chaque fois que vous voyez une entreprise qui réussit, dites-vous que c'est parce qu'un jour quelqu'un a pris une décision courageuse. » Et n'est-ce pas plus vrai encore pour cette magnifique entreprise qu'est la vie ? Cœur et courage ont la même origine, on le sait : le latin *cordis*, qui signifie estomac, comme on pouvait s'en douter. Le courage c'est l'ardeur du cœur, c'est avoir l'estomac d'agir.

Il faut du courage pour réussir sa vie, personne ne saurait le nier, et d'autant moins que je suis tout seul. Mais pas n'importe quel courage, non, un courage bien spécifique : le courage de réussir. Réussir fait peur, encore plus sa vie, il est tellement plus reposant et confortable d'en suivre le cours médiocre avec la tranquille assurance du mauvais élève, qui préférera cultiver fièrement l'image de quelqu'un qui n'est pas fait pour la réussite plutôt que d'affronter la difficulté. Les gens se reposent sur le fait qu'ils mourront un jour, cela les rassure, qu'ainsi ils n'auront plus de tracas et que ce n'est pas la peine de s'échiner inutilement à réussir quoi que ce soit en attendant. Quelle paresse intellectuelle ! Quelle pleutrerie !

Quittons notre zone de confort, balayons nos peurs, nos réflexes de repli et nos petites habitudes mesquines ! Bref, comme dit très justement le débonnaire Carlos Ghosn, dont on connaît l'estomac : « N'ayez pas peur de réussir. » Voilà qui rappelle la belle injonction messianique, dont on ne trouve pas moins de trois cent soixante-cinq occurrences dans les Évangiles, et qu'on retrouve aussi en couverture du dernier supplément estival de *Psychologies Magazine* : « N'ayez pas peur. » Cette injonction est d'autant plus à prendre au sérieux qu'elle nous est adressée en deuxième personne (ce n'est pas « n'ayons pas peur »), ce qui signifie que celui qui la prononce n'est pas concerné par cet ordre, qu'il s'adresse à nous depuis le sommet qu'il a déjà atteint, situé au-delà de la peur et de l'échec : Jésus-Christ depuis l'eau sur laquelle il marche (c'est l'image par excellence du leadership), Carlos Ghosn depuis sa cellule au Japon (celui qui a réussi ne craint plus la sobriété), le pape Jean-Paul II depuis son balcon et Frédéric Lenoir depuis les pages « Conseils » du seul magazine totalement dédié à l'épanouissement de soi et à sa relation aux autres. On peut donc leur accorder tout notre crédit. Surtout avec les taux d'intérêt actuels, particulièrement bas.

Mais il faut surtout être précis sur le sens du courage. Ne nous méprenons pas, il ne se réduit pas à l'absence de peur, non, le courage est une vertu positive, il est l'ardeur à faire, le cœur à l'ouvrage, l'engagement dans l'action, l'amour du combat, la volonté de vaincre, le désir d'écraser l'adversaire et de piétiner sa propre peur. Mais avant toute chose, il est le frisson délicieux du grand saut dans le vide. Quoi de plus favorable au vertige du mouvement que le vide ? Là encore, avec l'aide de la PNL, nous pouvons changer nos représentations mentales et apprendre à voir dans le vide, non un abîme ou un gouffre, mais l'appel même à plus d'élan, à plus d'air, à plus d'aspiration ! Le vide est la source de la plénitude, tous les philosophes chinois vous le diront, si du moins vous avez l'occasion d'en rencontrer et qu'ils ont envie de parler.

C'est ce à quoi nous avons travaillé lors de nos séances de saut à l'élastique avec l'équipe managériale des Déménageurs bretons, inspirées des méthodes testées en entreprise par Bandler et Grinder. Nous y avons expérimenté que le courage n'est pas la précipitation, et qu'il fallait apprendre à connaître et dompter ses peurs pour mieux les vaincre. Ainsi, certains, lors de la première séance, ont préféré regarder dans le vide et ont dompté progressivement leur vertige sans pour autant sauter. Les mêmes, à la cinquième séance, n'ont pas hésité à sauter avec cœur dans le vide, mais sans élastique, défiant sans crainte les lois de la pesanteur, si restrictives pour notre mobilité ! Ils se sont écrasés, peut-être, mais ils ont ainsi fait génialement coïncider leur chute la plus brutale avec le sommet de la réalisation de soi.

Comme dit le fameux adage de la Silicon Valley : un vrai leader fait sauter sept managers sans élastique. Mais ils n'auront malheureusement pas pu atteindre de leur vivant la forme pure du courage, péchant par témérité. Celui qui est réellement parvenu à devenir le leader de sa propre vie est capable de reconnaître le moment où il pourra voler ou marcher sur l'eau ; il sera ainsi courageux, mais pas téméraire. Il faut se souvenir de ce que disait Aristote à ce sujet, et il le faut d'autant plus que j'ai moi-même complètement oublié.

Bref, on le voit, le courage est le moteur de l'élan vital, qui peut à l'occasion devenir aussi létal, lorsqu'on n'a pas pris soin d'attacher son élastique avant de sauter. Mais, de toute façon, le courage ne nous fera réussir qu'au risque de la témérité ou de la distraction. Ce qui est vital n'a de valeur que parce que c'est en même temps létal. Néanmoins, ce n'est que dans les moments où nous devons faire preuve de courage, avant de sauter dans le vide, que l'on sent pleinement la vie brûler dans les entrailles et dans l'estomac. Et cette vitalité, c'est à la fois la cause et l'effet de la réussite.

La vitalité, est-ce vital ?

La vitalité, c'est le petit supplément inclus dans chacune des trois vertus précédentes, pour un tarif rigoureusement identique. La vitalité n'est pas une vertu, ce n'est pas même nécessaire ni vital, c'est un cadeau de la vie ; c'est l'énergie, c'est le carburant qu'offre à votre corps toute action accomplie avec confiance, volonté et courage. C'est ce qui fait que votre batterie tient plus longtemps et que vous pouvez faire plus de kilomètres sans vous sentir fatigué. C'est la pompe à essence du réservoir où vous allez devoir puiser pour avancer sur la route de la réussite. Et si vous voulez bien me pardonner ce calembour : sans vitalité, on est plus vite alité.

Or, comme disait très justement Anselme de Canterbury, avant d'occuper ses loisirs à démontrer l'existence de Dieu : « Sans essence, pas d'existence. » Avez-vous déjà vu un vrai leader mou ? Un leader qui compte ses heures de sommeil, qui baie aux corneilles, qui a le teint pâle et les paupières lourdes ? La vitalité est la marque de reconnaissance de ceux qu'appelle la réussite. Elle se lit aisément dans la posture corporelle et sur le visage : buste droit, épaules hautes et bien tenues, démarche sautillante et primesautière, teint hâlé ou rosé, lèvres brillantes, dents éclatantes de blancheur, incisives et pommettes saillantes, sourire large, poil dru, yeux larges et sans cernes, front lisse. Les gens sans vitalité ressemblent à un pneu dégonflé. Mais elle se reconnaît aussi à tout un tas de sécrétions hormonales invisibles : endorphine, dopamine, sérotonine, catécholamine, adrénaline, noradrénaline, testostérone, lulibérine et cyprine.

En outre, elle est excellente pour la santé, elle fluidifie les artères et la circulation sanguine, favorise le transit intestinal, renforce l'immunité. En conséquence, elle allonge votre espérance de vie, et accroît surtout votre espérance de mourir en pleine vitalité, ce qui s'appelle chez les spécialistes de la létalité : trépasser sans transition. On peut multiplier les conseils diététiques, nutritionnels, hygiéniques, psychologiques, sportifs, pour renforcer la vitalité, mais on ne le fera pas, d'abord parce que c'est relativement long et fastidieux, et ensuite parce que cela risquerait d'en décourager un trop grand nombre et de leur faire perdre leur vitalité, on se contentera de les réunir tous en un seul conseil métaphorique que vous veillerez à afficher bien lisiblement sur la porte de vos toilettes : « Je dois penser à remplir mon réservoir d'essence si je ne veux pas tomber en panne. »

Et on y ajoutera l'incontournable aphorisme du fameux docteur Schweitzer : « **La clé du bonheur n'est pas le succès. La clé du succès est le bonheur.** » Affirmation inattaquable, puisque vous pouvez en mettre les mots dans l'ordre que vous voudrez, elle reste à chaque fois vraie. Et quand vous avez la clé du succès, reste uniquement à trouver la serrure.

En guise de résumé, on donnera simplement ces quelques recommandations, qui pourraient constituer comme le credo de tout leader mû par ces vertus de la réussite que sont la confiance, la volonté, le courage et la vitalité :

- Il faut agir et mettre définitivement de côté doutes, ressentiment, culpabilité, il faut retrouver la joyeuse innocence de qui ne se laisse pas apitoyer par son propre sort ni par le malheur des autres ;
- Il faut laisser définitivement derrière soi toutes les blessures qu'on a pu nous faire et s'élever une bonne fois pour toutes au-dessus des autres ;
- Il faut laisser périr les faibles et les ratés, et on peut même les y aider ;
- Il faut s'élever gaiement au-dessus de la masse souffreteuse et de l'infâme misère qui veut nous émouvoir ;
- Tu ne tueras pas… avant de t'être assuré que tu en tireras un profit ;
- Tu aimeras ton prochain… toujours moins que toi-même ;
- Tu ne convoiteras pas la femme de ton voisin… mais tu veilleras aussi à niquer sa mère ;

- Tu ne commettras pas d'adultère… si c'est pour te contenter d'une seule maîtresse ou d'un seul amant ;
- Si quelqu'un te gifle sur la joue droite… crève-lui l'œil gauche ;
- Ne laisse pas périr ce héros qui habite ton âme dans les regrets frustrés d'une vie que tu aurais méritée mais que tu n'as jamais pu atteindre ;
- Ne te laisse pas amollir par les sirènes avilissantes de la fraternité humaine, qui n'est que le moyen qu'ont trouvé les plus médiocres et les plus besogneux pour se donner le sentiment d'exister ;
- Ne recherche pas l'estime de tous ceux qui ne méritent pas ton respect et ne leur accorde même pas ton mépris, oppose-leur tout au plus l'immensité de ton ennui !
- *Be yourself* ;
- *Just do it* ;
- *Feel the difference* ;
- *Take it easy* ;
- *Life is a beautiful sport* ;
- *You have one long dick to fuck everybody !*
- Car comme disait très justement Donald Trump – ou Friedrich Nietzsche, je ne sais

plus, avec un sens aigu de l'enrôlement : « Vos dents doivent rayer le parquet. L'indulgence est comme la pitié, elle vous déshonore et elle déshonore aussi ceux qui en bénéficient. La société a besoin de durs, pas de mous. L'ennui, c'est qu'il y en a beaucoup, des mous, beaucoup trop. »

Donald Trump, modèle d'accomplissement solitaire,
est le premier président de race bovine
de toute l'histoire des États-Unis d'Amérique.

Leçon n° 6

TRAVAIL ET/OU ARGENT, LES CLÉS DE LA RÉUSSITE

Être riche et heureux, c'est un jeu d'enfant

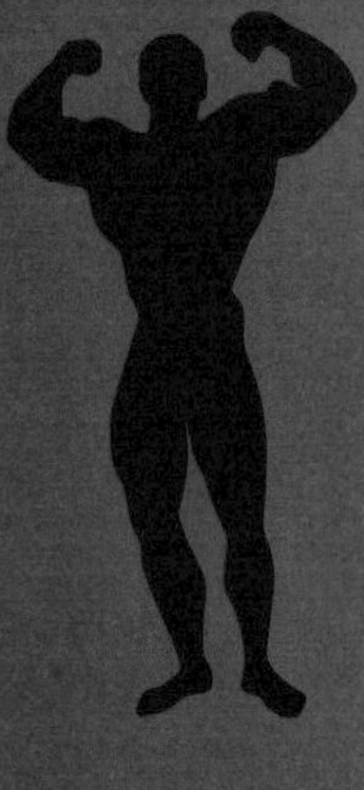

J'aime le travail, il me fascine.
Je peux rester des heures
à le regarder.

Jerome K. Jerome

L'argent ne fait pas le bonheur
de ceux qui n'en ont pas.

Boris Vian

Toute la question est là. En tout cas une grande partie. Sinon une part non négligeable, même si elle n'est pas aussi importante qu'on pourrait le penser. D'autant qu'Aristote a dit : « L'homme est un animal qui recherche le loisir. » Pourtant, certains voient la clé de la réussite dans l'épanouissement de soi par le travail, d'autres dans la possession d'une fortune, d'autres encore dans l'association des deux, ce qui est beaucoup plus contestable. Car il n'est pas du tout sûr que le travail et l'argent soient faits pour s'entendre.

Y a-t-il un lien entre le travail et l'argent ?

La réponse est bien entendu négative. Sinon, cela aurait fini par se remarquer. Les hommes ont judicieusement séparé le travail et sa rémunération, brouillant délibérément les pistes pour que personne ne soit tenté de croire qu'il suffit de travailler ou d'être socialement utile pour gagner de l'argent ou même pour sortir de la misère. Car l'homme est sage. L'inverse serait évidemment déraisonnable et conduirait à flatter dangereusement la cupidité humaine et l'appât du gain.

Peut-on sérieusement croire qu'une société où les infirmières, les enseignants, les travailleurs sociaux seraient bien rémunérés pourrait être une société favorisant la confiance mutuelle ? Que nenni ! Une infirmière bien payée est une infirmière qui ne pense pas à vous et à votre santé quand elle vient vous administrer un traitement, mais à ses futurs émoluments. Imaginez donc un monde où les gens prodigueraient des soins, non par sollicitude envers autrui, mais d'abord pour leur propre portefeuille ! Ce serait la victoire des hypocrites, et non d'Hippocrate. C'est ce que les gouvernants ont toujours bien compris, en prenant soin de laisser les rémunérations des soignants à un niveau suffisamment faible pour qu'ils conservent une motivation intrinsèque pour leur métier. Il faut même aller plus loin : le soignant le plus fiable est le soignant bénévole, il est par excellence ce qu'on appelle dans le jargon technocratique un travailleur détaché.

Mais les métiers du soin sont de toute façon à bannir si vous souhaitez réussir votre vie. Ils supposent une propension contre-nature à l'abnégation et à l'altruisme, qui vous détourne vite de vous-mêmes et vous rend incapable de prêter un tant soit peu d'attention à votre propre épanouissement. Ils vous éloignent de ce sain narcissisme qui doit servir d'aiguillon à tout homme normalement constitué, et qui a permis au philosophe bouddhiste Fabrice Dimal de trouver la voie de son propre succès personnel [1].

Alors que si vous prenez un modèle incontestable de réussite, jalousé dans le monde entier :

---

1. Spécialiste mondial de la méditation tous corps d'état, et pour des tarifs très accessibles, il est connu pour son fameux ouvrage qui a aussi valeur de mot d'ordre : *Sauvez votre peau ! Devenez narcissique*. Pour l'anecdote, il faut savoir que c'est sur un malentendu qu'il s'est lancé dans la méditation. Ayant du mal à trouver à l'origine un éditeur pour ses textes de philosophie, il aurait fini par dire à ses amis : « J'aimerais quand même qu'on m'édite à la fin ! », et l'approbation de ses interlocuteurs (« Mais oui, bien sûr, méditons, on ira tous beaucoup mieux ») l'aurait convaincu de se réorienter. La prochaine fois, je tenterai d'expliquer sur la base de quel malentendu il a écrit *Foutez-vous la paix !*

Cristiano Ronaldo, par exemple, vous constaterez aisément que tout intérêt pour autre chose que lui-même, sa gloire et sa fortune, a été naturellement écarté de son agenda. Il a d'ailleurs exprimé son projet personnel avec une grande sincérité, et vous n'y trouverez pas la moindre trace de quelque chose qui pourrait ressembler de près ou de loin à autrui : « Mon nom est Cristiano Ronaldo, je suis au sommet du monde ! Maintenant ? Je veux être éternel. » On reconnaît là une extrême économie de mots inversement proportionnelle à l'étendue de sa réussite. Et on va le voir plus précisément dans le paragraphe suivant, mais si ses revenus pourraient permettre de faire vivre 18 000 smicards, ce n'est évidemment pas parce qu'il travaille, ce qui serait pour le moins insensé !

À l'origine d'ailleurs, c'est-à-dire en gros de l'Antiquité aux accords de Grenelle en 1968, le travail était plutôt systématiquement associé à la misère. Le travail fut d'abord en toute logique réservé aux esclaves, le rapport maître-esclave étant la forme la plus naturelle des relations sociales, chacun essayant spontanément de trouver en autrui la personne susceptible de lui épargner les efforts qu'il ne souhaite aucunement faire par lui-même. D'un point de vue strictement

QUI ES-TU, CRISTIANO RONALDO ?

Même si les preuves ontologiques de l'existence de Cristiano Ronaldo (« La toute-puissance appartient à l'essence de Cristiano Ronaldo, or ce qui est tout-puissant ne peut par définition pas ne pas être, donc par simple nécessité logique, Cristiano Ronaldo est ») restent contestées par certains, le fait est que sa manière d'être est à elle seule une preuve irréfutable de son exceptionnalité : là où les fans de Ronaldo passent le plus clair de leur temps à travailler pour gagner un salaire modeste, sinon misérable, pour le dépenser en quelques heures en produits dérivés de Cristiano Ronaldo, ce dernier, à l'inverse, pour

un salaire environ 20 000 fois supérieur au salaire moyen, occupe à peu près tout son temps aux principaux loisirs de ses fans (jouer au ballon, pratiquer le fitness et la musculation, jouer à la playstation, regarder le foot à la télé, faire des commentaires débiles sur les réseaux sociaux) et réalise même leurs rêves les plus inaccessibles (avoir un jet privé, une collection de voitures de luxe, une collection de putes de luxe, passer ses vacances dans les lieux les plus enchanteurs et les plus luxueux du monde avec une partie de sa collection, réduire toute personne de sexe féminin à un objet sexuel, contourner le fisc, emmerder le monde entier, ne pas être perturbé par le moindre questionnement existentiel).

À quoi s'ajoute cette lucidité rare sur soi-même, qu'on ne trouve que chez ces êtres exceptionnels que Nietzsche affublait du doux sobriquet de surhommes : « Je suis riche, beau et fort, et les gens sont jaloux. » Il a en outre la délicatesse et la modestie de ne pas ajouter « et intelligent », alors que cette phrase même en est pourtant la preuve.

juridique, l'esclavage a été aboli. Le travailleur lambda n'en garde pas moins tous les stigmates de l'esclave : il est la plupart du temps fatigué, il a le dos courbé, la démarche pataude, l'œil hagard ; il se lève toujours plus tôt que les autres pour emprunter le RER A et y rester parqué de longues heures comme un poulet de batterie aux côtés d'autres travailleurs relativement indiscernables les uns des autres.

On connaît le proverbe : le monde appartient à ceux dont les ouvriers se lèvent tôt, et qui peuvent ainsi faire la grasse matinée. Les employés de Jeff Bezos, que personne n'entend crier dans les entrepôts d'Amazon, se lèvent très tôt, tout autant que les gardes du corps, chauffeurs, pilotes, cuisiniers et domestiques de Cristiano Ronaldo, qui se plaint par ailleurs de ne pas avoir suffisamment d'opportunités d'ouvrir un placard. Et rien n'est plus ennuyeux en société qu'un travailleur fatigué ou pire, plaintif, comme l'a si bien dit Françoise Sagan, inventrice à son insu du concept de gauche caviar : « J'aime les gens calés en large dans leur fauteuil, ou calés en long dans leur lit, repus, silencieux, solitaires et contents de l'être. Les gens qui savent le prix du caviar et se fichent du prix de la baguette. Les autres sont d'une espèce qui m'ennuie. » Moi aussi, Françoise.

Le sens du travail

La seule différence entre le travailleur et l'esclave est tout à fait mineure : elle tient uniquement au fait que le premier est payé, qu'il a la chance de pouvoir se vendre lui-même au lieu d'être vendu par un autre. On sait aussi depuis la nuit des temps que ce n'est pas en travaillant qu'on accède à la fortune, mais uniquement en jouant : au football, au cinéma, en bourse, au casino, au loto, avec la vie des autres, avec l'argent des plus pauvres et leur désir d'accéder à plus de biens de consommation… Par nature, l'homme préfère le jeu au travail, on le voit bien avec les enfants, qui n'hésitent pas à réduire leurs parents en esclavage au nom de leur propre amusement. La vie est tellement amusante, quand on y pense.

Alors pourquoi la plupart des hommes préfèrent-ils travailler au lieu de continuer à s'amuser ? Parce qu'ils ont peur de la réussite, bien entendu ! Jouer n'est rien d'autre que prendre le risque de gagner, cela trahit d'emblée l'âme d'un *winner* mue exclusivement par l'amour désintéressé du risque et de la gagne. Travailler, c'est perdre avant même d'avoir joué. C'est ce que disait clairement le plus vaillant et le plus jeune des candidats à la présidence de la France juste avant d'être élu triomphalement : « La vie d'un entrepreneur, elle est plus dure que celle d'un salarié, parce qu'il peut tout perdre, LUI, et il a moins de garanties. » Voilà qui rappelle la réponse vigoureuse et pétillante d'un autre candidat, mais au baccalauréat de philosophie, à la question « Travailler moins, est-ce vivre mieux ? » : « Le travail c'est trop la lose. » Et l'on pourrait compléter ce propos militant par ceux, plus poétiques et touchants, d'un Bernard Tapie : « Réussir sa vie, c'est de gagner en bourse comme on jouait aux billes. » On ne saurait mieux dire : qui se rend de nos jours au travail avec la joie de l'enfant qui va jouer aux billes ?

Pourtant, les joies des jeux enfantins démontrent sans ambiguïté que l'homme est par nature fait pour être entrepreneur ou trader et non travailleur, ou encore employé, salarié, fonctionnaire, gratte-papier, ouvrier, larbin, serviteur, cheminot, auxiliaire, commis, enseignant, subalterne, agent territorial. On ne le répétera jamais assez : votre vie c'est votre entreprise, et c'est vous qui en êtes le chef ! L'homme a d'ailleurs été contraint d'inventer les loisirs pour se réserver quelques espaces de jeu en dehors du temps de travail. Ainsi les espaces du travail et du jeu se sont-ils séparés de manière étanche, ce qui est absurde, alors que pour un véritable entrepreneur, le travail se dissout entièrement dans le jeu.

Le travail demande des garanties, il repose sur un besoin de sécurité, de protection, propre à ceux qui n'osent affronter la vie dans sa réalité. Car la vie est précaire, sans protection, sans filet, elle est brutale, imprévisible, et l'on ne peut pas réussir sa vie avec un travail qui nous déconnecte totalement de sa réalité. De là vient que la majorité des travailleurs, tout simplement par peur de vivre, de réussir et de quitter le petit cocon douceureux de l'assistanat, redoutent la précarité, dont tout le monde s'aperçoit aisément qu'elle est pourtant un moteur de la vie, sinon un carburant, voire une soupape, pour ne pas dire un joint de culasse. C'est ce qu'a dit avec beaucoup de sensibilité la poétesse Laurence Parisot : « La santé, l'amour, la vie sont précaires. Pourquoi le travail ne le serait-il pas ? » N'est-ce pas d'une grande simplicité, d'une grande justesse et d'une grande beauté ? Mais l'appartenance à la race des entrepreneurs se mérite, dans un monde où prédomine l'esprit d'employé et de rond-de-cuir, qu'il faudra sans doute plusieurs générations de Roux de Bézieux (avec un x car ils sont nombreux) pour définitivement éradiquer.

Bref, la recette n'est pas compliquée pour réussir sa vie, mais elle a un coût : **pour s'amuser, il faut pouvoir vous offrir le service de ceux qui travailleront à votre place et vous permettront de continuer à jouer durablement**. Entendons-nous : l'esclavage n'est plus autorisé, certes, mais depuis que les hommes ont pu tous accéder à peu de frais à la liberté individuelle, il a été avantageusement remplacé par l'exploitation, comme l'avait montré en son temps l'un des auteurs aujourd'hui les plus en vue dans les colloques du Medef, Karl Marx. Ce dernier, dans son précieux manuel pour permettre aux entrepreneurs de mieux comprendre les rouages du capitalisme et ses effets pervers, joliment intitulé *Das Kapital*, insistait vivement sur la place centrale de l'exploitation dans les sociétés fondées sur le marché et la réussite individuelle. L'exploitation repose sur cette gentille petite ruse qui consiste à faire croire à celui qu'on emploie qu'on le paye pour la valeur de son travail, alors qu'on le paye en vérité toujours un peu moins pour pouvoir récupérer gratuitement et sans le moindre effort une partie de cette valeur.

Marx avait déjà bien compris que les hommes sont naturellement joueurs ! Comme le travailleur a peur de réussir et qu'il a besoin d'être rassuré, la ruse fonctionne plutôt bien, avec le libre assentiment de tous les exploités. Mais Marx a aussi montré que la ruse finit par se voir, du fait que le capitaliste un peu trop joueur a une tendance irrépressible à tirer le plus possible sur la marchandise humaine qui lui sert à fabriquer ses produits, et le travailleur, à défaut d'être intelligent, est à la fois fatigable et susceptible. Donc il se vexe, et peut avoir à un moment donné envie de faire une petite révolution prolétarienne, pensant bêtement qu'on peut réussir sa vie collectivement !

Ayant pris connaissance de ce risque, nous avons beaucoup progressé depuis l'époque de Marx, avec l'aide des progressistes, cela va sans dire. En effet, aujourd'hui, bien heureusement, les hommes ne se laissent plus exploiter, non, ils sont devenus autonomes, ils s'exploitent eux-mêmes tout seuls comme des grands, et s'imposent la servitude en toute liberté, c'est ce qu'il convient d'appeler le progrès social. Tel est le génie du capitalisme, que tu devras impérativement faire tien si tu veux vraiment réussir : rebaptiser l'exploitation « projet personnel de carrière ».

Un vrai leader sait faire croire à ses « collaborateurs » qu'ils doivent accomplir une tâche pour leur propre liberté et leur épanouissement personnel, comme un patron saura en convaincre ses employés. Ce n'est plus la perspective du salaire qui fait travailler, non, c'est le désir, la volonté de réaliser un projet et de se réaliser à travers lui, la performance, qu'on prendra soin d'alimenter par une saine concurrence de chaque employé avec tous les autres.

Comme disait d'ailleurs le banquier Charles Lauer, en une jolie phrase reprise par Abou Moussab al-Zarqaoui dans ses petits conseils aux djihadistes : « Les leaders ne forcent personne à les suivre, ils les invitent à un voyage. » Tel est l'art de motiver : faire adhérer pour mieux faire agir ! En appeler à la liberté et à la créativité pour mieux soumettre et conformer ! Persuader au lieu de forcer, alors même que seule la force – ou éventuellement la promesse d'une récompense – devrait permettre d'imposer des tâches qui rebutent naturellement tout le monde. Car le travail rend libre ! Surtout avec le soin de développer en entreprise des espaces spécifiquement dédiés à la sieste et à la convivialité, afin de mieux veiller à l'épanouissement du travailleur.

Bref, un peu d'astuce, d'espièglerie, et vous réussirez votre vie !

Le travail peut-il permettre de s'accomplir ?

Sur ce sujet, la réponse est très controversée. Ce qui vient d'être dit laisserait plutôt accroire que travail et accomplissement sont deux notions absolument contradictoires. On pourrait même dire plus simplement que le travail et la vie s'opposent. Mais élevons un peu le niveau de notre réflexion, et nous nous apercevrons, à partir de ce qui vient d'être dit, qu'on peut malgré tout répondre par l'affirmative : oui, le travail doit permettre de s'accomplir, mais avant tout le travail des autres.

Les vrais auteurs à succès, les plus grassement rémunérés, ont leurs nègres, qui consentent librement à faire ce qui permet à d'autres de gagner beaucoup plus d'argent qu'eux. On ne demande pas au nègre de réussir sa vie, mais uniquement mon travail. On connaît d'ailleurs la définition du fainéant pour un leader : c'est un collègue paresseux qui refuse de faire mon travail [1].

1. C'est la définition proposée par un dictionnaire autorisé : *Le Dictionnaire ouvert jusqu'à 22 heures* aux éditions du Cherche-Midi.

LES NÈGRES EXISTENT-ILS ENCORE ?

Si leur réalité est de plus en plus présente dans des sociétés où il paraît difficile de réussir sa vie sans assistance extérieure, le terme de « nègre », lui, en son sens littéraire, a officiellement disparu depuis 2017, de même que vous ne trouverez plus de « Têtes de nègre » ou de « Bamboulas » dans vos pâtisseries préférées. On parlera désormais de « prête-plume » (attention, vous n'en trouverez pas dans les pâtisseries), ce qui est assez regrettable, puisqu'on perd de vue le lien évident à la tradition immortelle de l'esclavage. En parlant de prête-plume, on sous-entend que c'est un prêté pour un rendu, et l'on perd la dimension de don inconditionnel de soi qui fait la beauté du nègre.

PS : précision ajoutée par le prête-nom de cet ouvrage et non par son prête-plume.

L'auteur de cet ouvrage est lui-même assez surpris que quelqu'un d'autre veuille bien continuer de l'écrire à sa place, allant même jusqu'à accepter d'écrire que l'auteur est surpris d'avoir quelqu'un qui écrit à sa place, sans se révolter contre sa condition. Mais c'est bien normal, car on l'a vu, réussir sa vie est une tâche ardue qu'une seule vie suffit rarement à accomplir par soi-même. C'est pourquoi il est beaucoup plus sage, comme nous n'avons malheureusement qu'une seule vie, d'être au moins deux pour la réussir.

Et comme, ainsi qu'on l'a vu au premier chapitre, notre vie ne nous appartient jamais vraiment, il est plus aisé, pour ne pas dire plus raisonnable, de confier à quelqu'un d'autre le soin d'en assurer le succès, ou à tout le moins d'y contribuer activement. Et, là encore, Mère Nature a décidément bien fait les choses, en séparant les êtres humains en deux grandes catégories : ceux dont l'ego prend une telle place qu'ils n'ont aucunement besoin d'avoir d'autre intérêt qu'eux-mêmes et qu'ils sont prêts à sacrifier n'importe qui à leur accomplissement personnel, et ceux à l'ego de serpillière ou de lavette qui ne se sentent exister qu'en se sacrifiant pour quelqu'un d'autre. Un bon leader est un chasseur de lavettes.

En temps de guerre, le rapport devient même tout à fait asymétrique, puisqu'une masse considérable d'individus se sacrifie pour les médailles et la gloire d'une toute petite minorité, qui récupère sans le moindre effort ni le moindre risque tout le bénéfice des massacres qu'elle a elle-même ordonnés. N'allez pas dire après cela qu'il n'y a pas dans l'ordre du monde le dessein caché de la Providence ! Car c'est gagnant-gagnant : ceux que la nature n'a pas dotés d'un ego assez fort ni des ressources suffisantes pour réussir leur vie trouveront à s'accomplir de manière compensatoire dans leur propre sacrifice. Oui, à ceux à qui il n'est pas donné de réussir leur vie, il est encore possible de réussir leur mort. Le martyre est le succès et la gloire promis aux losers ! N'est-il pas merveilleux que la Providence ait ainsi réservé une victoire aux perdants de la grande compétition pour la réussite individuelle ?

L'humanité est faite pour la coopération, et une main invisible règle harmonieusement les rapports sociaux entre les hommes : pour tous ceux qui ont besoin que quelqu'un d'autre consacre toutes ses forces à leur succès personnel, on trouvera de l'autre côté de la chaîne sociale des gens tout disposés à se sacrifier et à consacrer tout leur travail à l'accomplissement des premiers. Toi qui veux réussir ta vie, commence par être empathique et tends généreusement la main à tous ceux-là. Ne les oublie pas. Car il te faudra des collaborateurs pour réussir ta vie.

Nous touchons là une clé de la réussite : **si tu veux réussir ta vie, ton seul travail doit consister à trouver ceux qui travailleront et sacrifieront leurs propres forces à l'accomplissement de ton projet.**

Au fait, l'argent fait-il le bonheur ?

Question cette fois-ci tautologique et pour tout dire extrêmement simple à régler, car chaque époque a sa définition du bonheur, et la nôtre le définit sans ambiguïté comme la possibilité illimitée de consommer. Il n'existe objectivement pas d'autre sens du bonheur. Et la seule chose qui soit à même de séparer l'argent du bonheur, c'est la culpabilité dont la société, avec l'assistance des assistés, veut en permanence accabler les plus fortunés, à qui l'argent vient avec abondance et facilité, parce qu'ils le valent bien. Mais enfin la richesse n'est pas un crime, comme disait l'un des grands leaders de la gauche, Jérôme Cahuzac ! Et d'ailleurs, la criminalité est beaucoup plus répandue chez les plus pauvres.

Il faut dire que les plus riches ajoutent à leur mérite une force intérieure hors du commun et une capacité exceptionnelle de résistance à l'adversité, pour préserver ce bonheur que l'argent leur apporte. Quand on sait en effet que les vingt-six hommes les plus riches du monde possèdent autant que la moitié de l'humanité la plus pauvre, on est fondé à se dire qu'ils sont particulièrement nombreux, tous ceux qui peuvent leur en vouloir et chercher à les culpabiliser. Mais ils tiennent bon. Sans se plaindre. Souvent même avec élégance. Preuve que le bonheur de l'argent est solide comme un roc.

Pourtant, comme nous révèle John Gray, qui n'est pas avare de révélations puisqu'il est devenu multimillionnaire pour nous avoir révélé que les hommes et les femmes ne sont pas pareils : « Le monde est rempli de millionnaires malheureux. » Cela peut surprendre, car le monde n'est pas rempli de millionnaires. On ne lui en voudra pas de ce petit arrangement : il est juste probable que John Gray ait confondu *le* monde avec *son* monde. Il est vrai que les gens malheureux qui peuvent retrouver grâce à ses consultations la voie du bonheur en ont généralement les moyens. Et c'est pourquoi il a peut-être sans le vouloir, par réflexe, ajouté « millionnaire » à « malheureux », les « millionnaires » renvoyant tout simplement pour lui aux « gens » en général. Et puis de toute façon, pour un millionnaire malheureux, combien de multimillionnaires et de milliardaires comblés ? Comme disait très joliment le trader taoïste Jérôme Kerviel : « Pour un millionnaire de perdu, dix milliardaires de retrouvés ! »

Tout est relatif, et le bonheur n'est pas comme l'ISF, il n'y a pas un seuil monétaire à partir duquel on est certain de ne plus pouvoir y échapper. L'illimitation est un idéal dont on ne peut que se rapprocher. Mais rapproche-t-en sans crainte et avec légèreté, en t'immunisant par avance contre toute forme de culpabilité, ce à quoi t'aideront John Gray et de très nombreuses publications de pensée positive destinées à ceux qui ont déjà fait fortune [1].

1. Parmi ces publications, malheureusement trop peu nombreuses dans la langue de Molière, on lira l'incontournable ouvrage d'Éric Brunet, *Être riche : un tabou français*, à qui l'on doit aussi cet autre essai remarquable : *Être de droite : un tabou français*. On a évidemment hâte de lire ses prochains best-sellers annoncés par son éditeur : *La Réussite : un tabou français*, *Être français et fier de l'être : un tabou français*, ou *Dénoncer les tabous : un tabou français*, série qui doit s'achever avec son autobiographie, *Être aussi con qu'Éric Brunet : un tabou français*.

D'autres vous diront sans vergogne que le bonheur s'atteint par la sobriété et la sérénité intérieure, l'accord avec soi-même. Mais connaissent-ils seulement le tarif des stages de jeûne, des séminaires de méditation ou d'une retraite dans un temple bouddhique ? La sérénité n'a pas moins de prix que l'opulence, l'austérité que la luxure. Rien n'est plus onéreux aujourd'hui que de s'acheter le dénuement du bon sauvage sur une île déserte. Et de toute façon, pour désirer la sobriété, il faut avoir connu l'opulence. Nul mieux que le Club Méditerranée n'a saisi l'essence du bonheur : « Le bonheur, c'est quand je veux, si je veux ! » Parce qu'avec l'argent accumulé grâce au travail des autres, c'est moi qui décide ! Le bonheur n'est pas autre chose qu'une option d'achat, tout le monde le sait. Il est même l'horizon ultime de toutes les marchandises, de la marchandise consommée comme de la marchandise consommante.

Ne vous torturez donc pas inutilement à rechercher le sens du bonheur, il est simple comme le contenu de votre portefeuille. Amassez-le, épargnez-le, mettez-le en réserve, et vous en aurez vite la pleine jouissance. L'argent ne fait pas le bonheur, non, il se confond avec lui. Freud nous disait que la prise de conscience du réel nous imposait de limiter notre plaisir. Position foncièrement antimoderne, issue du vieux monde. C'est qu'il ignorait le pouvoir de l'argent, celui de plier le principe de réalité au principe de plaisir. Aujourd'hui, la jouissance sans limites n'est pas un fantasme post-soixante-huitard, non, elle est la seule réalité tangible de la richesse et l'unique définition du bonheur que l'expérience valide.

Alors à toi de jouer, cher lecteur !

En résumé, il est impératif de retrouver les éléments d'une vie innocente et simple, de revenir à l'enfance de l'humanité : ne t'embarrasse pas du labeur, joue, amuse-toi, déroule innocemment les petites pelotes de ton existence, utilise à ton profit tous ceux à qui le travail donne le sentiment d'exister, contente-toi d'en extraire une valeur ajoutée bien supérieure à la rémunération de leur travail, accumule, accumule, accumule encore, relis Marx, et tu flotteras en permanence dans un bonheur ouaté, doux et frais comme une culotte bien propre qui sent bon la Soupline, ou comme le parfum d'ambiance d'un désodorisant naturel à la lavande.

Merci qui ?

Leçon n° 7

S'EN SORTIR SEUL OU À PLUSIEURS ?

La solitude : un bien commun

— J'aime par-dessus tout être tout seul.
— C'est vrai ? Moi aussi !
— Oh ! Alors nous pourrions aisément vivre ensemble.

Blague Carambar retrouvée sur le corps d'un vieillard décédé lors de la dernière canicule

Jacques a dit : « Sois libre ! »

Ordre qui fait perdre à tous les coups au jeu du Jacques-a-dit

Aristote disait : « L'homme est un animal social. » Peut-être, mais c'est quand même un animal qui ne réussit que s'il ne doit rien aux autres, lui répondait Jacques Attali, qui est un animal très supérieur à la moyenne. Ce que d'ailleurs Aristote voulait bien lui concéder dans son ouvrage *Des parties des animaux*, où il distingue clairement entre les animaux qui ont des parties et nous le font bien savoir, et ceux qui, aussi bien dotés soient-ils, ont peur d'en faire usage. Car le meilleur allié de l'homme, ce ne sont pas les autres hommes, ce sont bien ses propres parties.

Souvenons-nous du cri d'enthousiasme d'Alain Minc au fond des bois, en découvrant le Bernard tapi en lui : « Bernard Tapie a une chose que personne ne peut lui nier : une sacrée paire de couilles. » Et je m'empresse d'ajouter, pour éviter que Monsieur Minc ne s'attire injustement les foudres des féministes : la femme aussi peut bien entendu en avoir, nulle discrimination dans cette affaire, il n'y a aucune raison pour que les attributs masculins de la virilité ne se dispensent pas aussi généreusement aux ventres qu'ils fécondent : Mars n'est pas là pour écraser Vénus. Oui, le meilleur allié de l'homme, c'est lui-même, tout seul avec ses bourses, ses burettes, ses glaouis, ses roupettes, comme dit le poète (ainsi que le dictionnaire des synonymes).

Comme l'a excellemment écrit, afin de définir la réussite authentique, l'homme qui représente le meilleur de l'esprit français et qui ne se nomme pas pour rien Edmond Rostand (de l'occitan *rostan*, qui signifie « rouston », autre terme familier pour désigner les parties des animaux) : « Puis, s'il advient d'un peu triompher, par hasard,/ Ne pas être obligé d'en rien rendre à César/ [...] Ne pas monter bien haut, peut-être, mais tout seul. » Et l'on pourrait ajouter pour les plus timorés, qui continueraient malgré tout de craindre l'échec : « Ne pas monter du tout, peut-être, mais tout seul. » Ou même, pour les rassurer plus encore : « Tomber de haut, peut-être, mais tout seul. » Ou bien : « Se retrouver face au vertige abyssal de l'insignifiance d'une vie, peut-être, mais tout seul. » Ou pour finir aussi consensuellement que possible : « Agoniser dans la douleur, peut-être, mais tout seul. » On voit bien que dans chacune de ces propositions, la solitude n'est pas visée comme un but, mais comme une condition de la réussite. Non pas être seul à défaut d'avoir pu gagner la compagnie des autres hommes, dont on ne saurait se passer, tout particulièrement dans le cadre de la gestion d'une SARL ou d'une Société civile immobilière, mais triompher tout seul de l'adversité sans assistance extérieure.

C'est ce qu'illustre cette fois-ci merveilleusement la sagesse prophétique du grand Sâr Rabindranath Duval, troisième né de la dynastie Duval et Cie, bien connue pour avoir conçu la plupart des sanitaires publics de Romorantin : « Celui qui dans la vie est parti de zéro pour arriver à rien n'a de merci à dire à personne. » Dans l'absolu, la chose paraît plutôt aisée : si vous ne demandez d'aide à personne, tout le monde vous le rendra, et croyez-le, chacun sera prompt à ne pas vous venir en aide. Mais comme on l'a vu dans le précédent chapitre, il est préférable d'être plusieurs pour réussir ma vie.

Nous voilà donc confrontés à un problème tout à fait considérable, que je vais essayer de dénouer pour toi, cher lecteur : comment faire pour se débrouiller tout seul dès lors qu'on y arrive mieux à plusieurs ?

La solitude, c'est d'abord la liberté

La solitude est comme l'immigration : subie ou choisie [1]. La plupart des hommes subissent la solitude, pour la simple et bonne raison qu'ils n'arrivent jamais à retenir ceux qui partent. Mais il est vain de chercher à retenir les autres hommes, car l'homme est par nature un animal qui arrive difficilement à se retenir, ainsi que concluait sobrement le dernier Congrès international d'urogériatrie.

Il faut regarder les choses en face : à la fin de la soirée, on se retrouve toujours seul et désœuvré dans son grand appartement, tout seul au milieu des cadavres de bouteille, et pendant que Boulogne se désespère, on va se remplir un dernier verre. Cette solitude est ton destin. Il est

1. J'en profite pour renvoyer, au sujet de l'immigration subie ou choisie, à l'ouvrage aussi excellent que remarquable, *Cent façons de ne pas accueillir un migrant* (Le Rocher, 2018) que j'ai eu la chance et l'honneur d'écrire, du moins avec l'assistance d'un migrant rémunéré pour ce faire.

impossible de lutter contre elle, la loi de la gravitation universelle nous condamne à retomber toujours tout seul sur nos pieds ou notre séant au milieu d'un grand espace où résonne l'écho du vide qui nous entoure.

C'est ainsi, ce qui est subi ne peut pas être choisi. Si ce qui est subi pouvait subitement ne pas l'être, c'est qu'il ne le serait pas. Tu ne peux donc pas choisir de ne pas subir ce qui est subi. Mais tu peux quand même choisir de ne pas subir le fait que tu ne choisis pas de subir ce qui est subi. Là est le choix fondamental. Celui qui t'enseignera la vraie voie, celui qui t'introduira dans la lumière, celui qui te fera enfin voir la solitude dans la richesse qu'elle recèle au fond du trésor qu'elle tient enfoui en elle tel un diamant caché : comme la perle de la vraie liberté.

Car dans « solitude », il y a aussi solaire, il y a soleil, il y a solstice, il y a *sole mio*. Oui, *o sole mio* : c'est tout le charme printanier et le pouvoir lyrique du Bel Canto qui vient me souffler à l'oreille « Mon soleil à moi, c'est moi ». Goûter la solitude, c'est avoir redécouvert que l'on est à soi-même son propre soleil, qu'on est le rayon qui nous hâle (et il est préférable de bien hâler) en même temps que son propre baume protecteur anti-UV. Il faut aussi savoir faire de sa vie l'œuvre d'art dont on est l'artiste solitaire, il faut être le Robinson Crusoé de l'île déserte de son existence. Car au milieu de l'espace que libère la solitude, c'est aussi l'éclat de la liberté qui se fait jour.

On cherche avidement dans autrui une source de réconfort contre la solitude à laquelle nous sommes irrémédiablement condamnés, au point que l'on refuse de voir que si autrui nous apporte du réconfort, c'est uniquement dans son propre intérêt, pour compenser sa propre solitude, et qu'il se moque de notre liberté. La présence d'autrui est à la fois étouffante et toxique pour notre liberté, tâche de la fuir autant qu'il est possible, car deux libertés sont comme deux aimants se rencontrant par le même pôle, elles ne peuvent que se repousser. La liberté n'est réelle que si tu es tout seul.

Ferme les yeux, et imagine un instant tout ce que tu peux faire seul, et qu'autrui pourrait aisément entraver. Cet exercice d'imagination en pleine conscience te révélera aisément le pouvoir solaire de l'astre solitaire que tu es. Tu découvriras que chaque membre articulé de ton corps n'est rien d'autre qu'une machine dont le fonctionnement dépend de ta seule volonté. Par exemple, tu veux lever le bras ? Eh bien, la puissance exceptionnelle de ton libre arbitre suffit à passer de la volonté à l'acte, alors même que Jacques n'a pas dit : « Lève le bras. » As-tu jamais pris le temps de mesurer ce miracle : sans la moindre assistance, sans outil ni machinerie extérieure, par le seul fait de te le représenter, oui, tu peux lever le bras, et même les deux bras, si du moins la nature a bien voulu t'en dispenser une paire et qu'aucun accident ne t'a privé de l'un d'eux ou des deux. Dans l'espace ouvert par la solitude, tu peux ainsi commander tout ce que tu désires à ton propre corps, sans que Jacques n'ait à dire quoi que ce soit.

Mais attention, Jacques n'en est pas moins là qui veille dans la pénombre. Car ma liberté s'arrête là où commence celle d'autrui, et le problème est que la liberté d'autrui n'arrête pas de commencer. Oui : ta liberté de lever le bras s'arrête là où commence la liberté d'autrui d'entraver le mouvement de ton bras vers le haut. Elle reprend certes là où tu empêches autrui d'entraver le mouvement de ton bras, mais elle s'arrête à nouveau là où autrui te retire la possibilité de l'empêcher de l'entraver. Et entre-temps, la guerre aura déjà commencé, car il est très difficile d'être libres en même temps à plusieurs, et les hommes se sont toujours battus pour savoir qui était libre le premier.

Bref, il n'y a de paix que dans la solitude. Et si tu veux la paix, prépare la guerre : empêche autrui de t'empêcher d'être libre, et pour cela, il faut bien sûr l'empêcher d'être libre, car il utilisera vite sa liberté à t'empêcher de l'être.

Mais il faut surtout commencer par mettre ta propre liberté en sécurité. Préserve le champ de ta solitude des interférences extérieures, ferme ta porte à double tour, verrouille ton espace intime, enferme ta liberté dans un coffre-fort et enferme-toi avec elle derrière quelques murs blancs et feutrés d'où tu n'entendras que la voix libidineuse de Laurent Delahousse surgissant des profondeurs cathodiques. Car s'il y a bien une chose qui est prompte à s'échapper si on ne veille pas à ce qu'elle soit hermétiquement enfermée, c'est ta liberté, et cela, ce n'est pas Jacques qui te le dira.

Bien sûr, Jacques a toujours l'air gentil, il dit une chose, il en dit une autre, mais c'est un pervers, plus il dit « Jacques a dit », plus il cherche à marquer nos gestes les plus anodins de son empreinte, il est la figure même du Grand Autre, du Big Other qui veut nous imposer avec le sourire et de manière ludique soumission et obéissance. Et Jacques a dit aussi, mais on le sait moins : « L'enfer, c'est les autres », et les autres sont pavés de bonnes intentions.

Qui perd au jeu du Jacques-a-dit ? Non pas celui qui ne parvient pas à exécuter l'ordre donné, mais celui qui l'exécute sans que la formule « Jacques a dit » ait été prononcée : celui qui s'oublie lui-même, qui a définitivement intériorisé l'obéissance, qui s'est transformé de lui-même en lavette, en serpillière (sur ces deux termes, voir la leçon n° 6), en un mot comme en cent : qui s'est laissé couper les roubignoles sans broncher. Ainsi doit-on formuler l'impératif catégorique de la réussite solitaire : **traite autrui jamais seulement comme un autre homme, mais toujours en même temps comme un Jacques qui peut anéantir ta liberté.** Car si chacun veut être le seul à avoir sa place au soleil, autrui est par définition ce qui nous fait de l'ombre. Qu'on se le dise, à la suite du débonnaire Thomas Hobbes : l'homme est un Jacques pour l'homme.

JACQUES A DIT :
NE LISEZ PAS CET ENCART

Jacques-a-dit est un jeu qui se transmet sans vergogne de génération en génération depuis des siècles, malgré la pauvreté de son intérêt et sa contribution extrêmement ténue au développement de l'intelligence individuelle ainsi qu'au progrès de l'humanité. Sa pérennité est donc de toute évidence un indice de la propension naturelle des êtres humains à la servilité. Et c'est d'autant plus vrai que Jacques ne connaît pas de frontières : il s'appelle Simón en Espagne, Simon en Angleterre, Ó Grádaigh en Irlande, Szymon en Pologne, John en Suède, Kapteeni en Finlande, Yakup en Turquie, Pimperle en Suisse, Rei au Portugal, Joseph en Russie, Benito en Italie et Mein Führer en Allemagne.

À l'origine, Jacques est en France le prénom emblématique du simplet ou de l'idiot du village, d'où la jacquerie, qui est la révolte des abrutis ou de tous ceux qui ne sont rien, pour reprendre l'expression de notre jeune et beau président, et qui s'habillent aujourd'hui en gilets jaunes, pour qu'on soit bien sûr de les reconnaître de loin. Mais le sens du prénom s'est modifié au XVIe siècle avec l'apparition sous la plume de Shakespeare de l'expression « to play the Jack » : « jouer le farceur ou l'escroc », d'où l'Union Jack, « les farceurs unis » pour désigner le drapeau du pays de Mister Bean, ou le Jackpot, la cagnotte de l'escroc, et c'est cette nouvelle signification qui a été importée par la suite en France, d'où par exemple plus récemment Jacques Chirac, Jacques Lacan ou Jacques Dutronc (« Il est sympa et attirant, mais méfiez-vous c'est un truand »). C'est aussi ce dernier sens qu'on retrouve dans le jeu Jacques-a-dit, où Jacques désigne un maître du jeu qui se joue allègrement de nous et de notre promptitude à l'obéissance...

Jouir de la compagnie des autres hommes, peut-être, mais tout seul

Que doit-on déduire de cette vérité aussi universelle qu'incontestable ?

Non pas, bien entendu, qu'il faut se débarrasser d'autrui, entreprise assez fastidieuse qui n'a jamais permis jusqu'à nouvel ordre à ceux qui s'y sont essayés de réussir leur vie, mais qu'il faut se comporter avec lui *comme si* l'on était tout seul. Tu verras que cette manière de faire conduit sur la durée à produire le même comportement chez autrui, qui finit toujours, ainsi qu'ont pu déjà le démontrer les expérimentations menées en laboratoire sur des épagneuls nains de type continental, par cesser de solliciter notre attention dès lors que nous parvenons à ne jamais lui en accorder la moindre.

Si notre ténacité collective nous permet d'apprendre à vivre tout seuls tous ensemble, alors pourra naître une société harmonieuse fondée sur la saine indifférence de chacun à l'existence de tous les autres, qui est la seule base pérenne de la paix civile. C'est sur cette base que chacun peut se livrer sans crainte à la poursuite de sa réussite personnelle, et contribuer sans effort, par le seul soin donné à la satisfaction de son intérêt, à l'augmentation du produit intérieur brut, comme des siècles de science économique ont pu le faire apparaître, de Bernard Mandeville à Dominique Seux.

Comme disait sobrement la première femme à avoir vraiment réussi et qui a généreusement ouvert la voie à toutes les autres, Margaret Thatcher : « La société n'existe pas. » À quoi bon perdre son temps à se soucier de quelque chose qui n'existe pas, là où il ne nous est demandé que de nous focaliser sur nous-mêmes et notre intérêt privé ? Vous imaginez le gain de temps et d'énergie que cette prise de conscience vous offre, et que vous allez pouvoir consacrer enfin à votre succès solitaire et solaire ! Et qu'est-ce qui peut produire plus de satisfaction que de réaliser que la poursuite solitaire et aveugle de son seul intérêt coïncide avec l'augmentation exponentielle du taux de profit de son entreprise, avec celle des dividendes de ses actionnaires et des stock-options de ses dirigeants, comme avec le taux de croissance de la nation ?

Mais attention, nous ne pouvons pas non plus vivre en vase clos. Faire comme si l'autre n'existait pas ne signifie pas ignorer totalement son existence, ce serait s'imposer une discipline trop brutale et rigide, ni même se contenter de cultiver son petit jardin, non, c'est être capable de saisir immédiatement en lui, non pas ce qui est autre, mais ce qui peut optimiser les chances de notre succès personnel. Tel est le véritable optimisme, celui qui fait tourner à bloc les turbines de l'innovation et de la croissance : il n'y a aucune raison de désespérer, je finirai nécessairement par trouver chez les autres de quoi satisfaire mon ambition personnelle, car Jacques a dit « l'avenir est ouvert et radieux ».

C'est le principe même de la pensée-printemps généreusement diffusée par notre solaire président et déjà évoquée dans notre leçon n° 5 : « Penser printemps, mes amis, c'est réconcilier l'ambition et le réel, mais penser printemps, cela ne veut pas dire que sans avoir semé on pourrait promettre la moisson ! »

On a raison d'insister aujourd'hui sur le besoin de reconnaissance, et sur la place que celle-ci occupe dans la réalisation de soi. Reconnaître autrui, c'est avoir su pertinemment identifier en quoi il peut nous être utile et servir efficacement notre réussite solitaire. De ce fait, la reconnaissance mutuelle, résultat naturel de l'action par laquelle chacun se sert d'autrui pour satisfaire ses ambitions, est le ciment sur lequel la nation peut bâtir sa force morale et économique.

D'où l'importance aussi de l'empathie : la sensibilité à ce qui anime autrui de l'intérieur, pour savoir s'en servir plus efficacement. Sans empathie, on n'a aucune chance de s'en sortir tout seul. L'empathie est le premier outil pour s'élever au-dessus des autres : aucun homme n'a jamais pu se retrouver seul au sommet sans identifier les motivations profondes des autres hommes.

Alors oui, la solitude est un plat qui se mange seul, mais l'ambition solitaire n'en est pas moins un moteur du lien social, et elle est inséparable des trois sentiments fondateurs qui constituent le socle affectif des sociétés fondées sur la réussite solitaire pour tous (et vers laquelle la nôtre ne cesse heureusement de tendre) : l'optimisme, la reconnaissance et l'empathie. De quoi découle aussi naturellement la bienveillance : car comment ne pas veiller au bien de tous ceux qui peuvent vous rapporter un plus grand bien que celui que vous leur prodiguez ? Ainsi se réconcilient sans difficulté le principe selon lequel n'est vraiment réussi que ce qui est réussi *tout seul*, et l'exigence de vivre en harmonie avec les autres. Les vertus sociales que sont la bienveillance et l'empathie sont les meilleurs outils pour atteindre tout seul ce sommet où tu veilleras que personne ne puisse te suivre.

cesser la plainte

Malgré ce qui vient d'être dit, il faut reconnaître que la plupart des hommes ont tendance à se plaindre de la solitude, et plus encore de l'isolement, dont on ne saurait pourtant nier qu'il est la condition idéale pour cultiver la solitude. Mais ce qui fait vraiment mal dans la solitude, ce n'est pas la solitude elle-même, c'est la plainte qu'on y ajoute. Nous souffrons avant tout de trop nous écouter.

Combien de seniors, dans les établissements d'hébergement pour personnes âgées dépendantes, se complaisent de manière démonstrative dans leur statut de victime, se mettant tout de suite à geindre si on ne change pas immédiatement leur couche, comme s'ils étaient abandonnés, au grand dam d'un personnel entièrement dédié à leur confort ! Mais enfin, regardons les choses objectivement : si on ne leur avait pas mis de couche, ils seraient entièrement trempés !

Il n'est pas bien compliqué dans ce cas de reprogrammer positivement ses représentations mentales, comme nous y invite la PNL, et de redevenir ainsi capable d'apprécier la chance que l'on a, alors même que l'on souffre d'incontinence, d'être protégé par des couches qui en limitent les effets indésirables ! Chacun sa manière de voir les choses ! Et, à partir de là, retrouver le sens de l'empathie pour le personnel, et pour son entourage, dont l'intérêt premier est bien entendu de fuir nos plaintes et dont on peut deviner qu'il serait tout disposé à accourir à notre chevet si l'on savait se montrer un tant soit peu agréable à son égard. Cette transformation de nos représentations mentales, suivant une chaîne où chaque représentation reprogrammée en entraîne une nouvelle encore plus positive, le positif appelant le positif, donnera une tout autre couleur à notre solitude, que nous réapprendrons progressivement à investir comme l'espace même de la pensée positive, de l'optimisme et de la joie intérieure.

Au lieu de gémir, utilise autrement l'énergie de tes cordes vocales, chante la vie ! La vie qui continuera jusqu'au bout de te tenir fidèlement compagnie, qui continuera jusqu'au bout de couler dans tes veines, malgré tes bas de contention, et c'est elle aussi, au fond, si tu regardes positivement les choses, qui coule dans ta couche. Le personnel des Ehpad ne peut plus travailler sereinement avec le bruit permanent des plaintes : et si l'on apprenait à remplacer ce brouhaha par le chant joyeux des opérettes de notre enfance ! D'autant que, si les personnes âgées ne chantent plus d'opérette, le répertoire de Luis Mariano aura bientôt totalement disparu de notre patrimoine culturel. Même tout seul, il ne dépend que de nous de faire de la vie une fête. Et si nous nous plaignons de la solitude, il ne faut nous en prendre qu'à nous-mêmes.

Ainsi, cher lecteur, si tu es tout seul, si tu n'as que peu l'occasion de bénéficier de la compagnie des autres hommes, si tu ressens le besoin des autres – qui est la première chose qui les fait fuir –, si tes proches t'ont délaissé, si tes amis sont partis et ne reviendront pas, s'il ne te reste au fond rien de vraiment précis que quelques rides au front et la peur de l'ennui, si tu éprouves un sentiment d'isolement sinon d'abandon, commence simplement par ce minuscule effort qui ne te coûte au fond pas grand-chose : cesse la plainte. Interromps la complaisance pour ton malheur imaginaire, ne te fais pas d'ombre à toi-même, et sur cette base nouvelle, tu pourras commencer à reprogrammer en positif ta représentation mentale de la solitude, afin de la disposer à nouveau à penser printemps et à chanter la vie.

Un petit exercice inspiré de la positivité positive du cristofandrisme pourra t'y aider : chaque fois que tu éprouves un sentiment négatif de solitude ou d'isolement, ferme simplement les yeux, imagine que tu es allongé nu sur la plage et laisse sans résister la caresse du soleil parcourir ton épiderme, doublée d'un léger vent chaud qui fait danser sur ton torse en chatouillements exquis de petites bourrasques de sable fin, respire lentement et profondément, écoute les battements de ton propre cœur, prête attention au relâchement et à la contraction des fibres du myocarde, à cette formidable poussée du sang qui ferme les valves auriculo-ventriculaires et entraîne l'ouverture des valves sigmoïdes, aortiques et pulmonaires, et sur cette merveilleuse phase de repos du myocarde qu'est la diastole générale.

Si tu n'es pas saisi sur-le-champ d'une suffocante crise d'angoisse, tu pourras te dire alors dans un souffle tranquille : « La vie est ma seule et véritable amie, elle m'enveloppe et me réchauffe, ne me quitte jamais, elle est là qui veille à ma place sur les battements de mon cœur, elle est ma sœur, ma mère, ma maîtresse et mon infirmière, elle est mon doudou, je n'ai besoin que d'elle et de personne d'autre, c'est la seule sur qui je peux toujours compter et qui me dispense une chaleur constante navigant entre 36,5 °C et 38 °C, car quand je suis là, elle y est toujours aussi, et quand elle n'est plus là, c'est que je n'y suis plus non plus. »

Si tu y parviens, c'est que tu auras déjà réappris à apprécier la solitude, et tu pourras alors te dire que, ce faisant, tu n'es pas monté bien haut, peut-être, mais tout seul, pour t'endormir ensuite d'un sommeil profond qui dissipera avantageusement pendant de précieux instants l'ennui et le désarroi où tu baignais précédemment. Quand on dort, on est toujours tout seul avec soi-même, et l'on ne songe pas à s'en plaindre. Car comme disait Héraclite, qui n'a pourtant pas dit grand-chose mais n'en a pas moins gagné la postérité : « Seuls les éveillés ont un monde commun. » C'est donc essentiellement par le sommeil que la partie de l'humanité encline à la plainte parviendra à la réussite de sa petite vie. Somnifères et anxiolytiques sont aussi les alliés de tous ceux que la plainte des autres empêche de prendre leur envol.

Bref, si ta nature ne te prédispose pas à aimer la solitude, en particulier celle des sommets où l'oxygène ne peut être également partagé entre tous, cesse uniquement de te plaindre, réapprends à positiver, tais-toi et dors.

D'accord ?

LA POSITIVITÉ POSITIVE
DU CRISTOFANDRISME

La théorie de la positivité positive est due au grand psychologue extrêmement gentil Cristo Fandré. Il rompt de manière radicale avec la pensée occidentale, et peut-être même avec la pensée en général, en posant le principe pour sortir enfin de la dialectique : ce qui est négatif ne peut pas être positif. Après des siècles où l'on a cru obstinément que le positif n'était pas toujours si positif, et que le négatif pouvait avoir des effets positifs, Cristo Fandré nous dit enfin : tout acte positif n'a que des effets positifs, ce qui est positif pour soi est positif pour ceux qui sont autour de soi, et ce qui est positif pour ceux qui sont autour est positif pour l'humanité, et ce qui est positif pour l'humanité est positif pour l'Univers, et ce qui est positif pour l'Univers est positif pour l'individu, et la boucle est bouclée.

Mais l'inverse est vrai aussi : le négatif n'est pas positif, il est toujours négatif, être méchant avec les autres ou dire des méchancetés sur les autres c'est retarder son propre bonheur et par là le progrès de l'humanité.

La positivité est toujours positive et la négativité négative. Si tu es gentil et que tu souris à la vie, tu seras forcément heureux, si tu fais la tête et que tu es méchant, tu seras forcément malheureux. Et vous vous en rendrez vite compte en l'observant, Cristo Fandré est toujours gentil et sourit à la vie en toutes circonstances, ce qui a pour effet immédiatement positif de le rendre heureux, et par ricochet de faire vendre ses ouvrages de positivité positive à des millions d'exemplaires, pour favoriser le progrès de l'humanité.

Si tu te moques de Cristo Fandré, c'est à toi-même que tu fais du mal, en cultivant la négativité négative de la méchanceté et de la jalousie, par goût pathologique de la régression.

Leçon n° 8

L'AMOUR : VIVRE AVEC OU VIVRE SANS

Apprendre à se faire aimer sans avoir à être aimable

Au même titre
que la marche
et la course à pied,
l'amour a un effet
bénéfique sur le tour
de taille.
L'amour est
un merveilleux
coupe-faim.

Site Canalvie.com

Aristote a dit (lui qui est bien connu pour commencer la plupart de ses phrases par « L'homme est un animal qui… ») : « L'homme est un animal qui a besoin d'amour », ceci dans un ouvrage dont rien n'atteste qu'il l'ait effectivement écrit et auquel personne n'a malheureusement jamais pu avoir accès. Mais là n'est pas la question. La question est de savoir si l'amour, qu'il soit ou non un besoin vital pour l'homme et pour son meilleur ami, la femme – n'oublions pas d'être inclusif –, est une condition *sine qua non* de la réussite de notre vie. Et c'est là que le problème se corse considérablement, car l'amour est un oiseau rebelle que nul ne peut apprivoiser, et cela, Aristote ne l'a pas dit.

En effet, le mot *amour* est lui-même particulièrement ambigu, puisqu'il désigne à la fois l'amour que l'on donne et celui que l'on reçoit, ou même que l'on se prend en pleine poire sans jamais l'avoir demandé. En amour, on peut soit aimer, soit être aimé, soit les deux à la fois, mais ce dernier cas est tout à fait exceptionnel, et plus encore quand cela concerne la même personne. Nous ne traiterons donc pas dans un premier temps ce cas marginal. Non, ce qu'il est urgent de savoir, c'est de quel amour l'homme a besoin exactement pour optimiser ses chances de réussite.

En d'autres termes, qu'est-ce qui booste le plus, et donne confiance et volonté : aimer ou être aimé ? On sait que le grand théoricien des relations amoureuses Daniel Balavoine, largement inspiré par sa relecture des *Essais de psychanalyse* de Freud, a pu affirmer : « Aimer est plus fort que d'être aimé. » Certes, mais cela ne signifie en rien qu'aimer *rend* plus fort, attention, n'extrapolons pas. Oui, aimer est plus fort, comme l'alcool, la drogue, les cigarettes, tout ce qui détruit bêtement la vie sous prétexte d'en augmenter l'intensité. Aimer, comme fumer, tue. Et souvent plus vite. Très vite même, car il ne faut jamais oublier qu'elle court, oui, elle court, la maladie d'amour. Or, si ce qui te tue est souvent plus fort que le reste, c'est uniquement ce qui ne te tue pas qui te *rend* plus fort. Donc aimer ne rend pas plus fort. C.Q.F.D.

Mais on verra néanmoins qu'il peut y avoir quelques exceptions.

Mais qu'est-ce exactement que l'amour ?

Si la littérature est extraordinairement prolixe – et assez inutilement, je dois avouer – à ce sujet, et qu'on a pu noircir des centaines d'ouvrages dans la seule fin de définir l'amour, sans que jamais personne ne s'en trouve plus capable de dire exactement ce qu'il éprouve quand il *aime*, je me contenterai ici d'une information strictement objective et minimale, indépendante de toute impression subjective, et qui pourra nous servir de base sûre de discussion pour la suite. Les expérimentations scientifiques menées en laboratoire sur des campagnols de champs ou de prairies ont clairement fait apparaître que l'amour n'est rien d'autre que la synthèse réalisée dans l'hypothalamus de l'ocytocine et de la vasopressine, la première renforçant l'attachement en général et la seconde pour une personne en particulier. À quoi il faut ajouter le signal chimique déclencheur de la sérotonine, bien entendu, généralement provoqué par l'alerte des phéromones, qui est la signature olfactive des animaux.

Le critère prioritaire de l'amour est donc l'odeur, et c'est pourquoi il faut prendre au premier degré l'expression « je ne peux pas le sentir ». Avant d'aimer, on renifle, on flaire, on sent. Fiez-vous à votre nez, il est le pifomètre le plus sûr de l'amour. Les hormones du désir et de l'attachement ne peuvent pas être enclenchées si l'autre ne sent pas bon. Et cela est d'autant plus important sur la durée que l'intimité au quotidien favorise la désinhibition d'odeurs corporelles tantôt insolites, tantôt pugnaces. Et là encore, la nature a bien fait les choses, puisque personne ne pue dans l'absolu, mais uniquement par rapport à nos préférences olfactives personnelles. La plupart du temps, les hommes se lavent pour dissimuler leur odeur corporelle, ce qui ne favorise pas les rapprochements naturels. L'hygiène n'est pas nécessairement l'alliée de l'amour. Si vous recherchez un amour sincère, ne vous lavez pas.

Autre élément important : l'amour ressenti, en sécrétant de la sérotonine, inhibe l'individu et le conduit à une dilapidation totalement inutile d'énergie mentale, l'amenant même souvent à imaginer illusoirement la réciprocité, pour l'enfermer dans la spirale infernale du mensonge à soi. L'amoureux se reconnaît à son air maladif, sa bouche sèche et entrouverte, son visage blême, son teint blafard, son intelligence anesthésiée et sa réactivité quasi nulle. « Besoin de toi, envie de rien », telle est la condition dépressive de l'amoureux, contrairement à ce qu'affirmaient en leur temps les conseillers matrimoniaux Peter et Sloane (« besoin de rien, envie de toi »), dans un objectif éhonté de désinformation.

Dans une foule d'anonymes, il est très difficile de distinguer un amoureux lambda d'un junkie bêta. Faut-il qu'il soit tombé bien bas pour considérer son propre état comme le plus désirable qui soit ? Un co-équipier amoureux est une véritable plaie pour un manager, et sa productivité est quasi nulle. Quant au salarié amoureux, il est en toute logique doublement esclave.

À l'inverse, l'amour reçu provoque la sécrétion de dopamine : il renforce l'estime de soi et la pensée positive. Être aimé donne une démarche alerte et légère, rosit le teint, lisse le visage, favorise le transit intestinal, prédispose à la gaîté sinon à l'hilarité, accroît le sens de l'humour, la positive attitude, renforce la motivation dans vos projets, le sens du leadership, l'implication et l'engagement dans le team-building, l'esprit d'entreprise, la conquête de parts de marché et peut vous aider à perdre plusieurs kilos sans effort en peu de temps. D'un point de vue strictement statistique, il est reconnu que la quantité d'amour donné est inversement proportionnelle à la quantité d'amour reçu : plus vous aimez, plus la probabilité d'être aimé diminue ; plus vous êtes aimé, moins il y a de chances que le besoin d'aimer se fasse sentir.

C'est donc soit par défaut de connaissances scientifiques que bien des gens continuent outrageusement de tomber amoureux, soit dans l'espoir (scandaleusement entretenu par la littérature, le cinéma et les magazines féminins à coup d'information mensongère) d'être l'exception qui déroge à la règle statistique, soit enfin et tout simplement parce qu'ils ont dérapé et n'ont pu éviter la chute. À une époque où le taux de divorce se rapproche de 100 % dans les grandes métropoles, il est temps de changer de paradigme et de comprendre qu'un couple a beaucoup plus de chances de durer sans amour. Il est impératif de préserver le couple des trop nombreux effets indésirables de l'amour : la violence, la haine, la jalousie, la libido, et de ne le

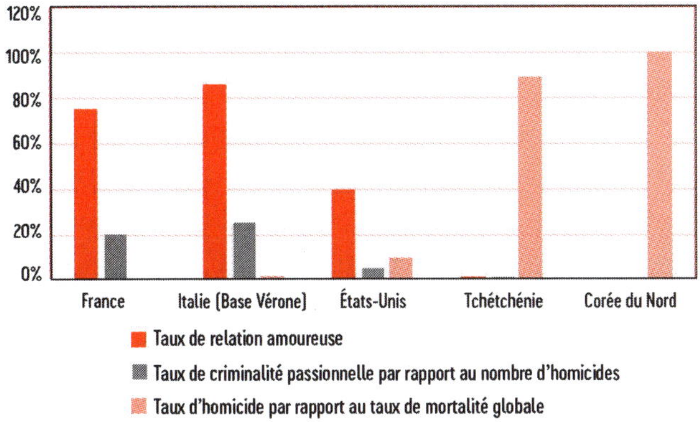

Analyse comparée
du rapport entre amour et criminalité.

réserver qu'à un contexte extra-conjugal à caractère ponctuel et récréatif. Les sociétés où l'amour a été banni de la vie conjugale, comme la Tchétchénie ou la Corée du Nord, ont vu leur taux de criminalité passionnelle se rapprocher de 0 %.

Une fois qu'on a intégré ces vérités qui ne sont pas toujours faciles à entendre, au lieu de vouloir à tout prix faire durer l'amour, dont il faut rappeler qu'il n'a jamais été programmé pour durer mais uniquement pour favoriser par des rapprochements ponctuels la reproduction des espèces, on peut éventuellement faire du couple un élément de sa réussite personnelle, à condition qu'il soit en cohérence avec notre projet de vie et de carrière. L'ambition authentique nous oblige à un moment donné à faire un choix : soit l'amour, soit le couple. On comprend surtout qu'il faut apprendre à dépenser son énergie utilement, en vue d'un rendement optimal, au lieu de la dilapider dans le vide. Il faut donc rechercher l'amour, oui, mais dans un sens unique, celui qui va exclusivement dans notre direction.

On retiendra donc ce conseil qui paraîtra trivial à tous ceux qui savent ce que signifie être un leader : **faites-vous aimer, par tous les moyens**. Ce qui n'implique aucunement d'être aimant, cela va de soi, ni même d'être aimable, on va le voir.

Comment faire pour être aimé ?

Pour être aimé, il faut d'abord s'aimer soi-même. L'amour de soi est un aimant pour l'amour des autres. Car quel est l'autre qui compte plus que tous les autres ? C'est soi-même. L'erreur est de croire que l'amour de soi se nourrit de l'amour des autres. Que nenni ! Il est uniquement affaire d'entraînement personnel. Chaque matin devant la glace, pense à te dire « Je t'aime », tu constateras que la réciprocité la plus pure n'existe qu'avec ton image dans le miroir. Preuve en est qu'il t'est rigoureusement impossible d'embrasser ton reflet autrement que sur la bouche. « Je pense donc je suis » est la vérité par défaut de tous ceux qui réfléchissent sans miroir. « Je m'aime donc je suis » est la vérité incontournable de tous ceux que le miroir réfléchit.

D'où l'on peut déduire cette autre vérité universelle : vous m'aimez donc je suis. Là encore, tout est affaire d'entraînement. Si quelqu'un te dit « Je t'aime », veille à lui répondre : « Moi aussi, je m'aime. » Ainsi le bénéfice est-il toujours pour le même. L'amour est aveugle, et c'est une excellente chose : il a tendance à revenir toujours au même point sans s'en rendre compte. Alors profites-en, laisse revenir aveuglément l'amour au centre, en ce point irrésistible d'attraction que ton moi constitue. Car tu es le centre du monde, comme tout le monde. Et tu es aussi le monde dont tu es le centre, comme chacun.

Il convient là encore de reprogrammer nos représentations mentales. Nous pensons bêtement que nous sommes une partie du monde, une partie minuscule, infime et négligeable, perdue dans l'espace infini. Ce n'est évidemment qu'un sentiment subjectif, induit par cette propagande incessante menée depuis ta toute petite enfance pour te faire croire à l'existence d'un monde objectif, indépendant de toi, ce qui contredit le témoignage le plus flagrant de tes sens. Pourquoi cette propagande ? Pour relativiser ton existence, bien entendu, pour en amenuiser l'importance, parce que tous les autres savent bien que leur existence ne tient qu'à la tienne mais souhaitent que cette vérité te demeure cachée pour te donner à penser qu'ils existent plus que toi.

En donnant de l'amour aux autres, tu leur concèdes ce droit à exister plus que toi, qui n'est rien d'autre qu'un déni du réel. C'est pourquoi rien n'est pire que l'amour mutuel, cette compétition larvée des existences pour s'affirmer aux dépens de l'autre. S'aimer, c'est se faire mutuellement de l'ombre, et la tendresse apparente de l'amour n'est qu'une stratégie pour en faire mieux accepter la violence. Quel est le message caché de la tendresse amoureuse ? *Laisse-moi absorber ton existence, la dévorer sans reste, ne sois plus qu'une lavette, tu ne sentiras rien, ça ne fait pas mal.* Alors qu'être aimé inconditionnellement et sans retour, c'est recevoir toute la lumière, tout en étant protégé des irradiations.

Mais tenons-nous-en à la stricte objectivité : le monde est apparu en même temps que toi, il disparaîtra avec toi, et il ne doit son éclat qu'à ta présence. Comment le nier ? Tu es tout. Sans toi, il n'y a rien. Croire en Dieu, c'est croire en toi, car tu es Dieu, tu es l'univers, tu es l'infini. Le jour où tu auras pris conscience de cette vérité élémentaire, alors tu pourras déployer tes ailes de papillon. Nous y reviendrons dans la prochaine leçon.

Les psychologues officiels, au service de la propagande générale et de la désinformation, tentent de dévaluer cette vérité factuelle en la taxant d'égocentrisme primaire. Se considérer comme le centre du monde relèverait du maintien régressif dans une position infantile. Mais c'est surtout la psychologie qui s'en prend injustement à l'enfance et à sa vision spontanée du monde, non encore pervertie par l'obscurantisme pseudo-scientifique ! On nous dit qu'on ne gagne pas à cache-cache en se mettant la main devant les yeux ! Mais c'est faux ! Il faut savoir écouter la force qui est en soi : il suffit de cesser de voir quelque chose pour que cette chose n'existe plus. Politique de l'autruche ?

Que nenni ! Car l'autruche *refuse* de voir ce qui est, par peur. Il s'agit au contraire d'affirmer positivement la dépendance du monde par rapport à moi. Le monde se plie à mes désirs, non pas si j'ai des désirs compatibles avec le réel, mais si je sais utiliser ma force de plier ! L'essentiel est de réapprendre à plier. Comme disait très justement Louise Hay, qui a su plier jusqu'à sa mort le monde à sa volonté d'échapper à la mort : « **Affirmez votre pouvoir.** »

Il est en ton pouvoir d'être aimé ! Et si tu demandes comment te rendre aimable, c'est que tu n'as rien compris. Pour être aimé, il est totalement inutile de trouver des raisons de l'être, il faut déployer pleinement son pouvoir d'affirmation. Si tu te répètes tous les jours (de préférence l'après-midi, car le matin, tu te seras appliqué à te dire « je t'aime » devant la glace) : « Les autres m'aiment », tu constateras très vite que la réalité se pliera à cette affirmation. Oui, les autres t'aimeront effectivement, car ils n'ont pas d'existence indépendamment de la tienne, et surtout de ton pouvoir d'affirmation. Pas tous les autres, bien sûr, mais tous ceux pour lesquels tu trouveras en toi la force de le décider. Car c'est bien toi qui désires être aimé, ce n'est pas à eux de le décider !

HEY LOUISE !

Louise Hay a d'abord été une petite fille privilégiée. Grâce à une enfance à la fois malheureuse et misérable, elle a mis en place pierre par pierre les conditions d'une parfaite résilience, au contraire de Bernard-Henri Lévy. Très précocement, avant même de savoir lire, Louise Hay était déjà déterminée à écrire des best-sellers. Elle n'a d'ailleurs jamais perdu de temps à lire et s'est entièrement consacrée à son projet, avec le soutien de l'incontournable Église de la Science religieuse, dès que son mari milliardaire l'a quittée.

Elle a très vite compris la clé du succès : être affirmative, résolument affirmative, unilatéralement affirmative. Elle a ainsi été désignée en 1970 comme championne du monde poids-lourds de la pensée positive, par arrêt de l'arbitre, titre qu'elle a toujours su conserver jusqu'à sa mort en 2017. Plus positif que Louise Hay, tu meurs. D'ailleurs, plusieurs de ses disciples ont explosé en tentant vainement d'être plus positifs qu'elle.

Ses ouvrages sont entièrement composés d'affirmations courtes et simples, si exemptes du moindre soupçon d'indice de résidu d'incertitude qu'elles nous inondent aussitôt de lumière et de soleil, sans qu'on ait le temps de résister. Essayez donc de résister aux affirmations suivantes : « Chaque instant est un nouveau départ », « Je suis le créateur et l'acteur de ma vie », « Je suis à l'aise avec l'argent et je me donne le droit d'être riche », « Tout est parfait, entier et complet »... Les titres de ses ouvrages n'appellent d'ailleurs pas la moindre résistance : *Transformez votre vie*, *Aimez-vous pour être en bonne santé*, *Semez du positif en vous*. Face à de telles sommations, les gens sortent naturellement leur carnet de chèques.

Le génie inégalé de Louise Hay est de dire absolument la même chose dans chacun de ses ouvrages, en parvenant à chaque fois à agencer les mots, les phrases et surtout les affirmations, selon des ordres et des combinaisons différents. Le lecteur n'en est pas moins toujours content.

Même décédée, Louise Hay continue de nous inonder de la lumière de ses affirmations, qui ont été modélisées sous la forme d'un algorithme de la pensée positive, capable de produire à l'infini des affirmations toujours plus lumineuses.

L'amour se décrète, c'est une affaire de volonté, pas de sentiment. Il suffit de se plier à une discipline d'affirmation permanente et inconditionnelle. N'aie jamais la moindre pensée négative concernant les sentiments que les autres te portent. Si un inconnu te crache à la figure dans le métro, rien n'est plus simple que d'affirmer en toi-même qu'il a voulu exprimer son amour. Si tu es quitté, car forcément tu le seras, considère que c'est pour les mêmes raisons que celles que chantait la si joviale Barbara : « C'est parce que je t'aime que je préfère m'en aller. » Si comme la majorité de tes contemporains, tu vis dans la solitude et que ton existence morne ne suscite qu'indifférence, tu pourras sans difficulté te convaincre que les gens gardent par-devers eux tout un réservoir d'amour qu'ils n'osent encore te manifester. Rien n'est plus facile que de te représenter le monde comme un stock d'amour en bombonnes qui t'est destiné.

Bref, comment se faire aimer ? Eh bien en se faisant aimer, tout simplement. C'est-à-dire en le décrétant. Car cela ne dépend aucunement des autres, mais uniquement de nous ! Pour se faire aimer, il faut avoir suffisamment de force en soi pour affirmer que les autres nous aiment, et cette force, tu la puiseras dans l'amour que tu te donnes à toi-même. Et ainsi la boucle est bouclée. Car l'amour est comme un boomerang : il part de toi pour aller vers les autres mais c'est toujours pour mieux te revenir. Et si tu souffres d'être mal aimé ou de n'être pas suffisamment aimé, tu ne peux t'en prendre qu'à toi-même et à ton incapacité à mobiliser la force affirmative qui est en toi et ne demande qu'à en sortir.

Doit-on rechercher la passion amoureuse ?

Il y a néanmoins de sérieux obstacles pour nous empêcher de nous saisir de cette puissance affirmative qui nous fait naturellement aimer de tous. Car il est dans l'intérêt des mélancoliques, des romantiques, des atrabilaires, des mous et débiles congénitaux, des poètes et des efféminés, des introvertis et des invertis, des languides et des indolents, des neurasthéniques et des hypocondriaques, voire des apopathodiaphulatophobes, bref, de tous ceux qui souffrent pathologiquement d'incapacité à positiver et conséquemment à réussir leur vie, de faire croire à la population innocente qu'il n'est rien de plus désirable pour vivre une vie pleine qu'un amour mutuel, passionnel et fusionnel. Et cela est relativement efficace, puisque ainsi ils flattent la propension à la passivité, à la paresse et à la langueur de bien des êtres humains, et appuient sur leur talon d'Achille : l'addiction à la passion amoureuse, qui favorise la sécrétion de lulibérine, l'hormone qui démultiplie les effets de la dopamine ! Autant dire que l'amour passion est la plus dure des drogues dures, et personne n'a encore songé à l'interdire (mis à part Kim Jong-un et Ramzan Kadyrov), parce qu'elle a l'air drôlement douce.

La vision du regard alangui des amoureux fait beaucoup moins peur que celle d'une injection d'héroïne en intraveineuse. Mais le résultat, pourtant, nous le connaissons bien : Tristan et Iseut, Roméo et Juliette, Werther et Charlotte, le Rouge et le Noir, Anna et Karénine, Carmen et Don José, François Hollande et Ségolène Royal, pour ne citer que les cas les plus célèbres de la grande tragédie de l'amour et de son effroyable pouvoir de tout emporter comme un ouragan, autrefois si justement chanté par Stéphanie de Monaco ! Partout on retrouve le même schéma destructeur. Un héroïnomane, au moins, ne détruit que lui-même : une seule seringue ne tue généralement pas deux personnes d'un coup, au contraire du philtre d'amour. Et un homme averti, même drogué, vaut toujours bien plus que deux amoureux transis.

LE SAVIEZ-VOUS ?

L'APOPATHODIAPHULATOPHOBIE

est la peur de la constipation.

Elle a deux grands effets indésirables : la constipation et la surconsommation de produits laxatifs.

Adj. Vulg. Qui a un balai coincé dans le fondement : « Espèce d'apopathodiaphulatophobe ! »

Un inverti notoire comme Alfred de Musset osa pourtant affirmer avec une crasse niaiserie : « Et vous aurez vécu, si vous avez aimé. » Oui, bien sûr, pour avoir vécu, on aura vécu, brièvement et violemment, dans la dépendance et l'assuétude, avant de finir trop vite dans un chagrin inconsolable et une affliction inapaisable ! Voilà qui fait envie ! Et que dire de l'inépuisable mièvrerie de notre honte nationale Victor Hugo : « La vie est une fleur. L'amour en est le miel. » Pour qui ne voit pas le dard, bien sûr !

Soyons sérieux un instant. Tout le monde sait bien que la vérité est ailleurs, et que l'amour n'est désirable que dans les poèmes de Victor Hugo ou le magazine *Marie Claire*. Bref : partout où l'on se complaît inutilement dans la faiblesse psychologique et l'émotion négative. Vous aurez réussi votre vie, bien au contraire, si vous avez su conserver votre liberté et vous préserver des affres de la passion amoureuse. Soyez aimés – et vous le serez sans difficulté si vous affirmez que vous l'êtes –, n'hésitez pas à mobiliser toute votre force pour vous faire aimer, mais ne perdez pas votre potentiel de créativité et votre capacité d'aller toujours de l'avant en vous laissant emporter dans l'ouragan de la passion.

Et en la matière, comme nous le démontre bien l'addictologie, la seule thérapie efficace est la prévention :

- Il convient avant tout d'**éviter une trop longue exposition à la littérature romantique**, en particulier à Alphonse de Lamartine, ainsi qu'à la cinématographie mélodramatique dont nous sommes pourtant inondés, dans un déni général de toute préoccupation prophylactique.
- La discipline personnelle doit ensuite nous aider à **développer notre impassibilité face aux charmes et au pouvoir d'envoûtement des autres.** Savoir dire non, avant que le moindre questionnement ou la moindre inquiétude amoureuse ne surgissent dans notre esprit et ne commencent à nous ronger, repousser le danger avant même qu'il ne nous menace.
- L'éducation à la sexualité doit permettre au plus tôt aux jeunes adolescents d'**éviter la confusion entre des sphères qui gagnent à être séparées de manière étanche** : la libido, la satisfaction naturelle de nos besoins sexuels, le couple, l'amour et la reproduction.
- On peut se fier en dernière instance aussi aux progrès de la science. La recherche dans le domaine de la neurobiologie devrait permettre dans des délais assez brefs de **développer un**

patch favorisant l'autorégulation de la production d'ocytocine et de vasopressine : suffisamment pour garantir un lien social chaleureux et apaisé, tout en inhibant les débits hormonaux producteurs du sentiment amoureux et de ses excès. De bien belles perspectives d'avenir pour une nouvelle émancipation de l'individu !

Quelles sont, en résumé, les recommandations auxquelles nous conduit cette approche renouvelée et enfin positive de l'amour ?

1. Aime-toi, toujours plus que tu n'aimes les autres, et toujours moins qu'ils ne peuvent t'aimer.
2. Décrète que tu es aimé et tu le seras.
3. Ne sécrète pas, décrète seulement.
4. Arme-toi contre la propagande (ne lis ni Lamartine, ni Hugo, ni Musset, ni Alexandre Jardin).
5. N'aie pas peur de l'amour, tu as suffisamment de force en toi pour t'en préserver.
6. Et dis-toi pour finir que, s'il y a bien quelqu'un qui t'aime, c'est assurément moi !

Leçon n° 9

ET DIEU DANS TOUT ÇA ?

Mieux connaître notre principal collaborateur

Dieu est gaulliste.

Charles de Gaulle

Je suis prêt, pour ma part,
à me présenter devant le créateur
et à l'affronter.
Mais Lui, est-il préparé
à cette épreuve ?

Winston Churchill

Beaucoup de gens disent de moi :
« Tu es Dieu »,
et moi je leur réponds :
« Vous dites n'importe quoi,
Dieu est Dieu et moi, je suis
un simple footballeur »

Diego Maradona

Aristote est un animal qui ne manque pas d'humour, et c'est pourquoi il a affirmé malicieusement : « Dieu est trop parfait pour pouvoir penser à autre chose qu'à lui-même. » Voilà le genre de perfection qui peut servir d'aiguillon pour l'homme en quête de réussite authentique. Dieu n'a pas à viser la réussite, il est la réussite en son essence même : ne pas penser à autre chose qu'à soi. Ou, comme disait encore plus clairement Spinoza, que Frédéric Lenoir a enfin fait sortir de l'ombre après plus de trois siècles à avoir été injustement maintenu sous le boisseau [1] : « Dieu s'aime lui-même d'un amour infini. » Ce qui fait d'ailleurs

1. Voir à ce sujet son remarquable ouvrage, le 841e édité, dont je vous laisse retrouver le titre, où il rappelle avec fougue que Spinoza c'est vraiment très bon pour la santé, au même titre que la randonnée ou les épinards, même si c'est à un degré moindre.

un important point de ressemblance avec Cristiano Ronaldo ou Donald Trump, considérés dans le dernier classement Forbes comme les deux êtres humains les plus proches de Dieu. Ils s'inscrivent en cela dans la saine compétition initiée par les évangiles et dont l'objectif est extrêmement simple : « Toujours plus près de toi, mon Dieu ! »

On reconnaît en tout cas dans la définition même de Dieu les deux principaux traits de la psychologie positive : ne pas penser à autre chose qu'à soi et s'aimer pleinement soi-même. On comprend donc que les plus grands génies du développement personnel, de Louise Hay et John Gray jusqu'à Mathieu Ricard et Jean-Claude Van Damme, aient toujours été illuminés par Dieu. Le développement personnel n'est au fond que l'effort pour développer la part de divin enveloppée en nous, et qui fait que chacun de nous, s'il prend le temps d'y prêter attention (mais nous ne savons plus prendre le temps), est Dieu lui-même. Et quand je dis chacun de nous, je pense aussi à chacune, bien entendu, ne vous fâchez pas, mesdames, ce n'est pas un ami des femmes comme je le suis qui oubliera d'être inclusif. Alors que Dieu, lui, n'a rien d'autre à faire qu'à penser qu'il est chacun de nous.

Croire en Dieu renforce-t-il nos chances de succès ?

On peut immédiatement répondre par la négative. Croire est l'indice d'un défaut, d'une faiblesse ontologique et d'une étroitesse mentale. Et surtout croire en autre chose qu'en soi. On croit en quelque chose quand on n'a pas suffisamment de force pour en faire un objet de certitude, quand notre esprit n'a pas su se rendre assez perméable au pouvoir de l'autoconviction et de l'autosuggestion. Mais enfin, notre âme n'est pas une chaussure, encore moins une chaussure en cuir retourné ou en nubuck, elle n'a pas besoin d'être imperméabilisée au spray inflammable de la croyance ! Et si la foi nous imperméabilise, elle n'empêche aucunement de s'enflammer, comme disait Jeanne d'Arc.

Croire en Dieu, c'est se séparer de lui, le placer au-dessus et à l'extérieur de nous. Il suffit d'observer le comportement indigne des croyants dans les lieux de culte, si prompts à baisser le front, à s'agenouiller, à battre leur coulpe, et l'on s'aperçoit vite que leur fausse humilité ne fait que trahir leur honte d'être eux-mêmes. Mais ne nous en prenons pas non plus trop brutalement à de pauvres petites gens, sans lesquels le marché mondial des articles religieux et des grandes transhumances touristiques de pèlerins ne pourrait atteindre les niveaux de croissance qu'il connaît aujourd'hui, et dont on ne saurait se passer pour maintenir le PIB à un niveau digne d'une puissance comme la nôtre. Qu'il nous suffise de rappeler que la ville de Lourdes est la deuxième ville française après Paris pour le nombre de chambres d'hôtel, alors qu'elle se situe au-delà de la 700e place pour sa population, et nous nous montrerons plus indulgents envers les culs-bénits.

Les hommes sont censés avoir été faits à l'image de Dieu. Mais Dieu lui-même est bien trop parfait pour croire en lui. En toute logique, Dieu ne peut pas croire en Dieu. Car alors il serait extérieur à lui-même, ce qui ne convient pas du tout à quelqu'un de son niveau, qui ne pense pas à autre chose qu'à soi. Donc Dieu est nécessairement athée. D'où ses quelques moments de dépression. Si les hommes ont été faits à l'image de Dieu, il conviendrait donc, par respect pour la perfection de Dieu, qu'ils soient athées.

Bref, ne nous abaissons pas à croire en Dieu, mais constatons plutôt l'évidence irréfutable de sa stricte identité avec nous-mêmes. Croire en soi-même, c'est la seule manière valable de faire éclater le divin qui est en nous, il est totalement superflu de croire en Dieu. D'autant que, dirons-nous pour compléter les propos d'Aristote : Dieu est trop parfait pour exister. Voilà qui lui fournit quand même une excellente excuse. L'existence est une forme trop dégénérée de l'être pour convenir à Dieu. Alors soit Dieu est parfait et il n'existe pas, soit il existe et alors il ne peut pas être parfait, et donc il n'est pas Dieu. Dans un cas comme dans l'autre, mais surtout dans l'autre, il n'existe pas. Ce qui n'étonne pas de lui.

Mais quelle importance, puisque Dieu est en toi, et nulle part ailleurs ! Puisque tu es Dieu et que Dieu est toi ! Puisque tu es toi, tout simplement ! Et que Dieu n'est rien d'autre que le pont qui va de toi à toi, le trait d'union du toi-même, le même qui fait d'un trait l'union de toi avec toi, l'unisseur de tous les traits du même dans le tout du toi, et on pourrait le dire encore d'une multitude d'autres manières si nous avions un prête-plume un peu plus imaginatif. Le chanteur belge très démonstratif, Jacques Brel, chantait avec condescendance : « Toi, tu n'es pas le Bon Dieu, toi tu es beaucoup mieux, tu es un homme. » Voilà bien des paroles de gagne-petit ! Mais non, tu es le Bon Dieu *parce que* tu es un homme, et inversement. Affirmons plutôt avec l'immense Luc Ferry, et on a encore plus envie de le faire quand on le voit : tu es l'homme-Dieu.

Exister, on l'a vu dans notre première leçon (essayez de suivre, s'il vous plaît), c'est se-tenir-au-dehors, et Dieu est bien incapable de se tenir au-dehors, il est en toi, tapi au fond de toi, il n'a aucune forme d'existence à l'extérieur de toi. Preuve que les hommes ne croient en Dieu qu'aussi longtemps qu'ils ne croient pas en eux-mêmes ! Mais quand enfin ils croient en eux, qu'ils deviennent ce qu'ils sont, qu'ils accomplissent leur perfection, Dieu ne les impressionne plus du tout, il est avec eux en permanence, comme la perfection même de leur être. Dieu devient leur lumière intérieure, leur tamagotchi, leur animal de compagnie, leur astre solaire, leur ours polaire.

Ne dit-on pas que Dieu est le miroir de l'âme ? Non, on ne le dit pas, mais qu'est-ce qui nous empêche de le faire ? Si tu regardes en toi, tu y verras l'image de Dieu, car la vérité est que Dieu a été fait à ton image, n'ayant par lui-même aucune imagination. N'hésitons pas à ce sujet à citer Victor Hugo, pour une fois qu'il ne dit pas n'importe quoi, même si on pourra déplorer la platitude de son propos : « La conscience de l'homme c'est la pensée de Dieu. »

Réfléchis-y un moment et tu verras qu'il n'y a aucun critère objectif à même de te distinguer de Dieu : ce monde qui n'était pas là avant toi, c'est toi qui l'as créé. Et il a suffi, pour que ce monde apparaisse, que tu sois là. Le miracle de l'apparition du monde t'est donc entièrement dû. Félicite-t'en vivement, et tires-en une source inépuisable de fierté. Oui, tu fais des miracles ! Tu ne cesses d'en faire ! Et à chaque instant tu réalises le miracle de continuer de faire tenir le monde avec toi, par toi, en toi. Jésus peut bien aller se rhabiller (même s'il a toujours porté le strict minimum) ! **Tu n'as besoin que de toi-même comme lieu de pèlerinage**. Et ceux qui le contestent ne font qu'être jaloux de ta divinité. Il est temps d'opérer la révolution copernicienne par laquelle la vie retrouve un sens, en même temps que s'ouvre l'horizon de la pleine réussite : le monde et Dieu tournent autour de toi.

Fort de cette pleine conscience, comment faire autrement que d'être infiniment positif ? Car telle est la pleine conscience : elle est conscience du plein que tu es. Fais donc le plein d'essence divine au réservoir de ton moi tout-puissant !

LA PLEINE CONSCIENCE

La pleine conscience est à distinguer de la conscience toute seule, qui n'est pas pleine. Pour accéder à la pleine conscience, il faut faire le vide. La pleine conscience est d'abord une conscience vide, qui ne pense à rien plutôt que de ne pas penser du tout.

Car le vide et le plein sont une seule et même chose, disait Lao-tseu, en un propos tout aussi vide de sens que plein de bon sens.

Plutôt que d'être absorbée par quelque chose, la pleine conscience s'absorbe tranquillement en elle-même. Par exemple, en conscience ordinaire, boire de l'eau désaltère ou rafraîchit. En pleine conscience, pas du tout : boire de l'eau, c'est uniquement boire-de-l'eau ou de-l'eau-boire ou même de-boire-l'eau ou encore boire-l'eau-de.

C'est l'acte qui se conscientise comme tel dans la plénitude de sa conscienticité. L'état d'éveil est donc idéal pour s'endormir, car c'est quand la conscience est pleine qu'elle ne se laisse encombrer par rien d'autre qu'elle-même.

Dieu a créé la pleine conscience le dernier jour de la Genèse, pour se déstresser et éviter le burn-out après une semaine extrêmement chargée.

Bouddha, lui, l'a mise en place dès le premier jour, pour éviter de se fatiguer par la suite.

Le médecin américain Jon Kabat-Zinn l'a réhabilitée sous la forme de la MBSR ou réduction du stress basée sur la *mindfulness*, développée auprès de sa clientèle d'hommes d'affaires fortunés afin de remédier au stress particulièrement nocif pour la santé des chefs d'entreprise, provoqué par les plans de licenciement et dégraissages de personnel, par les délocalisations et la taxation de la plus-value.

Quel rapport entretenir avec Dieu pour ne pas se fâcher ?

L'important n'est pas de croire en Dieu, mais que Dieu croie en toi, crois-moi. À quoi sert de prier si Dieu ne croit pas en nous ? Prier Dieu n'est rien d'autre que lui donner de bonnes raisons de croire en nous. Il faut te dire que Dieu a tout misé sur toi et sur ta réussite, et lui aussi prie chaque soir pour que son pari soit gagnant. « Quelle est la principale différence entre Dieu et moi ? », demandait avec espièglerie le footballeur suédois Zlatan Ibrahimovic, surnommé le melon de la Baltique. « C'est que Dieu, lui, au moins, a toujours cru en moi », répondait-il aussitôt, tant il n'a jamais eu besoin d'attendre que les autres répondent pour avoir raison. Voilà bien la preuve que la conscience d'un homme est la pensée de Dieu !

Je suis celui par qui Dieu pense. C'est une affirmation indispensable pour t'affirmer toi-même. Et je te rappelle que Dieu ne peut par essence penser à autre chose qu'à lui-même. En chacun de tes actes, demande-toi donc : ai-je pensé à autre chose qu'à moi-même ? Mais ne te le demande pas trop non plus, tu risques de te mettre à trop penser, ce qui fera surgir de l'inquiétude et des émotions négatives que Dieu réprouve, d'autant que rien n'interdit de réprouver quand on n'existe pas. Crois vraiment, aie la foi, laisse Dieu décider à ta place, car il est le gyrophare qui fait résonner en permanence dans ton âme la sirène des mots suivants : « Moi d'abord ! » Amen.

Mais Dieu n'est pas qu'un gyrophare, c'est aussi un hygiaphone. Il fait de ton âme un box étanche en plexiglas, protégé des agressions du monde extérieur, mais qui n'en perçoit pas moins de manière sélective les messages sonores provenant du monde extérieur. Car en vérité, je te le dis, Dieu parle dans l'hygiaphone. Et de l'intérieur du petit guichet de ton âme, tu y entends le message suivant : « Après moi le déluge ! » Et il va falloir que tu sois fort pour entendre ce message divin et le faire tien.

Car aujourd'hui, d'autres sirènes, en particulier celles des médias, t'invitent à te soucier des générations futures et à penser à autre chose qu'à toi-même. Oui, il paraît que le monde va s'effondrer. Sois fort, ne te laisse pas envoûter par ces sirènes. Oui, le monde va s'effondrer, bien sûr, mais il va s'effondrer avec toi, tout simplement, il va être englouti tout entier et Dieu avec, il va s'éteindre entièrement et il n'y aura plus l'ombre d'une inquiétude sous le soleil. Même si la planète se réchauffe. On ne peut pas être mort et avoir des remords ; quand on se pend une fois, on ne se repent pas. Comme disait ce chanteur écorché vif et surtout trop vif, Bertrand Cantat : « Le vent l'emportera, tout disparaîtra. » La la la. Mais n'oublions pas le mot de la fin : « Et tout ira bien. »

N'est-ce pas une excellente nouvelle ?

Concluons logiquement : tu n'as pas besoin de croire en Dieu, car tu es Dieu. Sinon tu n'es pas, et Dieu non plus, ce qui n'est pas acceptable, surtout par les temps qui courent. Si tu es Dieu, tu n'as pas besoin de penser à autre chose qu'à toi-même, et tout ce que tu affirmes, tout ce que tu fais, est nécessairement parfait. Et si tout ce que tu fais ne peut pas être autrement que parfait, tu réussiras nécessairement, et tu n'as aucunement besoin de conseils extérieurs, à commencer par ceux prodigués dans ce manuel. Tu n'as donc aucunement besoin de ce manuel, sinon pour apprendre que tu n'en as aucunement besoin – et encore –, et c'est pourquoi je préfère finir par là, car si j'avais commencé par là, tu aurais peut-être été moins tenté de lire la suite, voire d'acheter le livre.

De manière générale, tu n'as pas besoin du développement personnel.

Et tout ira bien.

Recommandation finale

APPRENDRE À SE DÉTENDRE

À ne lire qu'en cas d'extrême urgence

Il faut devenir vieux de bonne heure pour rester vieux longtemps.

Caton le Vieux
(ou l'Ancien, ou l'Ancêtre, ou l'Antiquité)[1]

1. Ainsi appelé parce qu'il avait la particularité d'être vieux depuis déjà tout jeune. Mort après une très longue vieillesse, à 90 ans, arrière-grand-père de Caton le Jeune, qui n'a pas fait de vieux os, et trisaïeul de Caton le Lilliputien, mort de vieillesse quelques heures après sa naissance. Cf. *L'Histoire de la Rome antique pour les nuls (et aussi par eux)*, manuscrit non édité et introuvable.

Aristote a dit : « L'homme est un animal doué de raison. » L'essentiel est surtout qu'il soit assez doué, l'animal. Et il faudra l'être pour tirer la substantifique moelle de tout ce qui vient d'être dit.

Car on l'aura compris – ou bien on ne l'aura pas compris, mais c'est qu'alors on n'aura pas suivi et là je ne vous félicite pas –, ce n'est pas en cherchant à réussir sa vie qu'on la réussit, mais en pensant à autre chose, et éventuellement en la vivant. Ce qui n'est pas donné à tout le monde. Ainsi la probabilité de rater sa vie s'accroît proportionnellement à son intention de la réussir, et la principale source de malheur est de se condamner à la quête du bonheur. C'est assez énervant. Et ainsi à l'avenant : la recherche de la compagnie fait fuir les autres hommes, on perd sa vie à essayer de la gagner, le besoin de reconnaissance renforce la haine de soi, le désir d'oublier n'arrive pas à s'effacer de notre mémoire, l'optimisme est ce qui nous expose le plus à la déception et à la dépression, il faut éviter de croire en Dieu pour qu'il puisse vraiment vous aider, etc.

Face à ces nœuds indénouables, que voulez-vous faire ?

La seule chose qu'on peut savoir pour savoir vivre, c'est qu'entre savoir et vivre il faut choisir, et cela nous tend et finit même par porter sur les nerfs. Mais si vivre ne peut pas faire l'objet d'un savoir, on peut quand même se rabattre sur un minimum de savoir-vivre : la délicatesse qui consiste à inviter l'autre à se détendre. C'est tout l'enseignement du développement personnel, dont les milliers de publications se ramènent en vérité à un seul mot d'ordre : **détendez-vous.**

On sent d'ailleurs toujours sur le visage lisse et apaisé des coaches conseils en développement personnel invités à la télévision, qu'ils sont détendus (c'est pour cela qu'ils sont invités) et qu'ils ne sont pas près de s'énerver. Afficher un tel visage, c'est déjà l'indice d'un certain savoir-vivre, c'est une invitation polie à se détendre, qu'accepte volontiers un téléspectateur tendu, lui, par l'impuissance à mener une existence sensée, sans compter les hurlements de ses enfants, leur échec scolaire, le délitement inéluctable de son couple, le linge qui déborde et les impayés qui s'accumulent.

Apprendre à se détendre, c'est aussi l'objectif que se fixait le père du développement personnel, Émile Coué, lors des stages d'épanouissement personnel qu'il prodiguait aux condamnés à mort pour mieux les préparer à leur exécution. Tout est là : « Détendez-vous ! » Il est très mauvais d'être tendu avant d'être pendu. Il faut au contraire dénouer tous les nœuds au préalable. Le fameux et jovial bourreau Charles-Henri Samson l'avait bien compris, bien avant Coué, lorsqu'il s'adressa en ces mots à Louis XVI, au pied de la guillotine : « Sire, je vous sens contracté, détendez-vous, tout va très bien se passer, je suis un professionnel. » À quoi il ajouta malicieusement : « Couvrez-vous, vous allez attraper froid ! » Les coaches conseils en développement personnel sont tous un peu les dignes héritiers de Charles-Henri Samson.

Vous ne parvenez plus à payer vos factures et allez bientôt être expulsés de votre logement ? Détendez-vous.

Votre dossier de surendettement vient d'être rejeté et tous vos biens personnels vont bientôt être intégralement saisis ? Allez, lâchez du lest et détendez-vous.

La réponse de la commission de surendettement a été suivie de près par une lettre de licenciement ? Respirez profondément et détendez-vous.

Vous êtes contraints, vous et votre famille (trop nombreuse), de faire appel aux associations de charité pour pouvoir encore vous nourrir et vous habiller ? Fermez les yeux et offrez-vous une pause méditation en pleine conscience.

Vous trouvez que l'hiver est rude quand on vit dans une voiture dont la batterie ne fonctionne plus ? Détendez-vous et faites simplement appel à la pensée positive : c'est moins grave que si c'était pire.

Vous trouvez que la corde à laquelle vous allez vous pendre n'est pas assez tendue ? Appuyez plutôt sur la détente.

Vous faites partie de ceux que l'injonction à se détendre énerve et crispe au plus haut point ? Allez vous faire foutre.

Et dites-vous que la vie fait bien les choses. Le temps de se détendre vient toujours à point nommé. Car si la nature veut que nous ayons été enfants avant que d'être hommes, comme disait pertinemment celui qui ne s'appelait pas pour rien René Descartes, elle veut aussi que nous soyons vieux avant même d'avoir eu le temps de nous rendre compte que nous ne sommes plus des enfants. Ce que Descartes n'a pas pu dire car il est mort trop tôt pour cela, par une nuit d'hiver à Stockholm, alors même que la reine Christine de Suède lui avait conseillé de sortir couvert.

Mourir, cela n'est rien, mais vieillir, ah vieillir ! Oui, vieillir est en soi un exploit extraordinaire, pour au moins deux raisons :

1. Nous ne sommes pas du tout préparés à l'événement, et vieillir suppose une bonne dose d'improvisation ;
2. Si nous vieillissons, c'est que nous avons su trouver de bonnes raisons de prolonger la fête, bravo.

Mais qui prend vraiment le temps de goûter cet exploit unique et de s'en féliciter chaleureusement ? Mis à part le très réconfortant Sénèque, qui considérait que le meilleur moment de la vie est celui où l'on a commencé à descendre, mais sans dégringoler pour autant. Comme la goutte d'eau au bord de la dernière tuile, disait-il en humoriste ! Ce qui n'étonnera pas de lui, puisque Sénèque vient de *senectus* qui signifie « vieux » en latin. À l'instar de Lao-tseu, il était né pour la vieillesse.

Certains en sont venus à prétendre (même si on n'a malheureusement jamais su qui) qu'étymologiquement, la sénescence peut aussi se définir comme l'adoption d'une attitude à la Sénèque face au vieillissement : se regarder tranquillement décliner, sans dégringoler, tout en se détendant. La vieillesse est effectivement le moment idéal pour se détendre. D'autant que déjà tout en vous se détend : la peau, la vessie, les artères, le système nerveux central, la prostate, les omoplates, le goitre. Il est doux de ne rien attendre, sinon de nouvelles distensions. Alors que l'avenir est une source permanente de stress pour les plus jeunes, qui sont tendus par le désir irraisonné de réussir ce qu'ils font. La principale cause du burn-out est d'avoir des projets, un horizon et un avenir. Si vous n'arrivez pas à vous détendre, le temps y pourvoira donc pour vous. Détendez-vous, enfin, vous n'avez plus aucun avenir !

Le miracle de la vieillesse est de nous cueillir à point nommé comme un fruit trop mûr, pour le laisser se vider de son jus et devenir un charmant petit fruit sec et tout rabougri. Le vieil homme est un pruneau desséché qui perd gentiment la raison, comme aurait pu dire aussi Aristote s'il ne s'était pas entouré en permanence de chair fraîche. À tous ceux qui ont échoué à devenir papillons, la nature offre donc aimablement de devenir pruneau.

Enfin, la vieillesse a l'avantage insigne de nous inviter tout en douceur à nous délester de ce projet fou de réussir notre vie. La sénescence est aussi une naissance aux charmes délicieux de la déliquescence. Chouette ! Car ce n'est qu'en vieillissant qu'avoir-tout-raté devient enfin une source de fierté et même d'amusement. Reste donc l'ultime et absolue réussite : tout rater du mieux qu'on peut, avant qu'il ne soit trop tard.

D'où notre ultime recommandation :
Si tu peux te dire en poussant ton dernier souffle : j'ai décidément tout raté, et éclater une dernière fois de rire, alors tu auras vraiment réussi ta vie !

Sur ce, détends-toi.

Table

Petites précautions préalables 9

LEÇON N° 1. Réussir sa vie : comprendre pour mieux agir........................ 23
Quelle est l'origine du verbe « réussir » ?.... 26
Et la vie, qu'est-ce que c'est ?.................... 29
Faut-il distinguer vivre et exister ?............ 32
« SA », qu'est-ce que c'est ?....................... 35

LEÇON N° 2. Accepter sa fin................. 39
À quel critère puis-je savoir que j'ai réussi ma vie ? 44

LEÇON N° 3. Faire son entrée dans la vie 57
La naissance est-elle un hasard ?............... 60
Comment faire ?....................................... 65

LEÇON N° 4. Affronter ses échecs.......... 77
Comment faire quand on n'a pas assez souffert ? Résilience et contre-résilience . 85

Comment faire pour ne pas passer à côté de sa résilience ? 91
Comment faire concrètement pour se libérer de sa culpabilité ? 97

LEÇON N° 5. Confiance, volonté, courage, vitalité : les quatre éléments de la réussite.. 105
Oser la confiance ! 108
Confiance en soi et PNL......................... 111
La volonté suffit-elle, ou faut-il aussi la vouloir ? 120
Réussir le courage pour trouver le courage de réussir 124
La vitalité, est-ce vital ? 128

LEÇON N° 6. Travail et/ou argent, les clés de la réussite 135
Y a-t-il un lien entre le travail et l'argent ?. 137
Le sens du travail...................................... 144
Le travail peut-il permettre de s'accomplir ? 150
Au fait, l'argent fait-il le bonheur ? 154

LEÇON N° 7. S'en sortir seul ou à plusieurs ? 159
La solitude, c'est d'abord la liberté........... 164
Jouir de la compagnie des autres hommes, peut-être, mais tout seul....................... 172
Cesser la plainte 176

LEÇON N° 8. L'amour : vivre avec ou vivre sans 185
Mais qu'est-ce exactement que l'amour ? ... 189
Comment faire pour être aimé ? 194
Doit-on rechercher la passion amoureuse ?. 202

LEÇON N° 9. Et Dieu dans tout ça ? 209
Croire en Dieu renforce-t-il nos chances de succès ? 213
Quel rapport entretenir avec Dieu pour ne pas se fâcher ? 220

Recommandation finale............................ 225

Mes notes inspirées et inspirantes (à remplir uniquement en pleine conscience) 239

Cet ouvrage a été achevé d'imprimer en avril 2019
dans les ateliers de Normandie Roto Impression s.a.s.
61250 Lonrai
N° d'impression : 1901808
N° d'édition : L.01EHBN000823.N001
Dépôt légal : mai 2019

Imprimé en France

Mes notes inspirées et inspirantes

(à remplir uniquement en pleine conscience)